MEMÓRIAS DE UMA
GUERRA SUJA

CLÁUDIO GUERRA

EM DEPOIMENTO A
Marcelo Netto e Rogério Medeiros

MEMÓRIAS DE UMA
GUERRA SUJA

Copyright © 2012 Cláudio Guerra, Marcelo Netto e
Rogério Medeiros

Direitos de edição da obra em língua portuguesa no Brasil adquiridos pela TOPBOOKS EDITORA. Todos os direitos reservados. Nenhuma parte desta obra pode ser apropriada e estocada em sistema de banco de dados ou processo similar, em qualquer forma ou meio, seja eletrônico, de fotocópia, gravação etc., sem a permissão do detentor do copyright.

Editor
José Mario Pereira

Editora assistente
Christine Ajuz

Revisão
Ana Lucia Gusmão

Capa
Miriam Lerner

Diagramação
Arte das Letras

TODOS OS DIREITOS RESERVADOS POR
Topbooks Editora e Distribuidora de Livros Ltda.
Rua Visconde de Inhaúma, 58 / sala 203 – Centro
Rio de Janeiro – CEP: 20091-000
Telefax: (21) 2233-8718 e 2283-1039
E-mail: topbooks@topbooks.com.br

Visite o site da editora para mais informações
www.topbooks.com.br

"Combati o bom combate, acabei a carreira, guardei a fé. Desde agora, a coroa da justiça me está guardada, a qual o Senhor, justo juiz, me dará naquele dia; e não somente a mim, mas também a todos os que amarem a sua vida."

(2 Timóteo 4:7-8)

Os autores gostariam de agradecer nominalmente a todos que ajudaram a construir esse relato, mas questões objetivas, de segurança pessoal dos envolvidos, os obrigaram a omitir os nomes de pessoas e instituições. Quem sabe um dia os agradecimentos possam ser feitos de público...

SUMÁRIO

Introdução – Rogério Medeiros 13
Apresentação – Marcelo Netto 19

I – A trajetória de um matador 25
II – Resumo de uma luta de 15 anos contra a esquerda 29
III – Cláudio Guerra por ele mesmo 31
IV – Matando friamente 35
    Mortes em São Paulo, Rio de Janeiro,
    Belo Horizonte e Recife 35
    Dez corpos incinerados após tortura e morte 50
    Cemitérios clandestinos 59
    A chacina da Lapa 66
    O agente da CIA 69
V – Os comandantes de Cláudio Guerra 75
    A comunidade de informações 92
    A morte de Fleury 99
VI – Uma monografia sobre a estrutura da repressão 111
    Angu do Gomes – o restaurante da conspiração 118
    A Scuderie Le Cocq 128

A Operação Condor no Brasil 129
A explosão da Rádio Nacional de Angola 136
O financiamento dos crimes políticos........................141
VII – A resistência à abertura de Geisel e Golbery 151
Bombas explodem por todo o país..............................151
Atentado à casa de Roberto Marinho.........................161
A bomba no Riocentro...164
A tentativa de assassinato de Leonel Brizola..............179
A tentativa de assassinato de Fernando Gabeira.........183
A morte de Alexandre von Baumgarten 187
O jogo do bicho e a repressão......................................193
A morte do tenente Odilon..197
O grampo no escritório de Paulo Maluf 201
O sequestro de Abilio Diniz 202

ANEXOS

– As principais execuções de um matador frio
e implacável – Notas... 207
– Monografia de Freddie Perdigão Pereira 259

INTRODUÇÃO

Rogério Medeiros

Em minha longa atividade de mais de 40 anos como repórter, grande parte dela no saudoso *Jornal do Brasil*, topei com personagens de vários matizes, parte deles, inclusive, integrei à minha galeria de tipos, na qual a ala do crime sempre esteve em relevo. Mas ninguém suplantou, em qualquer tempo, o delegado Cláudio Guerra, da Polícia Civil do Espírito Santo, na arte de matar.

Um ardiloso e implacável matador, Guerra possuía atributos que levaram o regime militar a recrutá-lo para a cabeceira de seus executores, tornando-o autor de grande parte dos assassinatos dos adversários da ditadura militar. Mortes que chegaram ao disparate de ser personalizadas por seus superiores, pois nunca deixavam rastros.

Sendo assim, prevejo o quanto será penoso para nossos leitores conhecerem, por intermédio deste livro, em toda a sua extensão, os crimes pelos quais ele abateu inúmeros militantes de organizações políticas que combatiam a ditadura instalada no país a partir de 1964, por militares golpistas. Os relatos de Guerra permitirão ainda que familiares de suas vítimas entendam as circunstâncias e as extensões políticas para os assassinatos, o que, no entanto, não deixará de lhes causar um grande martírio. Será, porém, um mal necessário, vital mesmo à honra política de seus entes queridos, além de extremamente necessário à recomposição da História do Brasil.

Para que o leitor possa entender como foi possível levá-lo a essas revelações, é necessário voltar 30 anos, quando uma reportagem no *Jornal do Brasil*, de minha autoria, acabou com a sua aura de implacável combatente da criminalidade no Espírito Santo. Ao mostrar 35 execuções sequenciadas de queima de arquivo, o efeito à imagem de Guerra foi devastador, levando-o da condição de defensor da sociedade capixaba a chefe do crime organizado. As informações também foram vitais para dar fim à era em que transformou seus assassinatos no Espírito Santo, e parte de Minas Gerais, em espetáculos de justiçamento.

De imediato, desapareceriam as reverências que lhe tributavam as elites capixabas e os seus políticos. Em seguida, para meu alívio e até sensação de segurança, ele estaria preso. No final de 2009, eu receberia a visita de uma advogada, portadora de um convite seu para encontrá-lo num hospital. Estranhei, mas fui ao local na certeza de que o assunto seria a antiga reportagem que implicara sua prisão.

Não era. Ao chegar ao quarto do hospital, onde Guerra aguardava no leito, este incumbiu-se logo de fazer a atraente oferta de me confiar sua longa jornada de crimes, como uma espécie de transposição de seu passado em favor da dedicação a uma vida religiosa que havia iniciado na cadeia. Para superar animosidades antigas, produto de minhas reportagens, adiantou-se em afirmar que quase tudo que eu escrevera sobre suas atividades no crime só não era integralmente correto por conter alguns senões. Embora muito prejudicado pelo meu trabalho, ele disse que não poderia deixar de reconhecer a honestidade do repórter.

Daí a confiança em me entregar toda a sua trajetória de crimes, em especial os que foram praticados a serviço do regime militar. Na hora, fui surpreendido pela referência aos militares, pois até então só existiam, a respeito de sua participação nos crimes da ditaduras, meras especulações e inúmeras desconfianças.

Indaguei do porquê de ter esperado tanto tempo para falar; ele respondeu que a fidelidade aos militares e sua formação anticomunista impunham que apagasse as lembranças da memória em favor de uma causa comum, mas que o tal silêncio quebrou-se ao evangelizar-se numa igreja da Assembleia de Deus, na região metropolitana de Vitória, na posição de diácono (hoje já pastor), em busca da recompensa sem castigo a que alude o Antigo Testamento.

Também atribuiria a sua decisão aos encontros, ainda no presídio, com o então subsecretário dos Direitos Humanos da Presidência da República do período Lula, Perly Cipriano, com divagações sobre os direitos essenciais do homem, numa clara tentativa de persuadi-lo a mudar sua rota e visão de mundo.

Nesse nosso encontro no hospital assustei-me com o seu aspecto físico: ele estava magérrimo, alquebrado, dentro de um uniforme tosco de presidiário, em desacordo com quem sempre ostentou roupas de fino trato. A imagem era também de um personagem que havia abandonado o combate em favor da vida. E não mais ostentava a pose de refinado mestre do crime.

Ao procurar conhecer seu real estado de saúde, ouvi de médicos, àquela época, que era precaríssimo: gota, diabete sem controle e coração em estado ameaçador para um paciente já na casa dos 70 anos, o que exigia acompanhamento médico, impraticável, contudo, dentro de um presídio. Saí dali desconfiado de que não haveria mais tempo para ouvir os seus crimes, sobretudo os que foram cometidos em favor do regime militar, com grave dano à História do Brasil se realmente permanecessem ocultos.

Nos encontros posteriores, ainda no hospital, perceberia, até com relativa clareza, o quanto ele fora importante para os militares nas estratégias e correções de rumo, sobretudo nas atividades de eliminação dos adversários do regime. Em pouco tempo, ele provaria a imperícia dos militares para execuções, deixando sempre pistas comprometedoras. Já nas primeiras operações, demonstraria que esse tipo de crime não constava dos manuais de atividades do Exército, embora fosse, para as polícias militar e civil, rotina.

Ao se impor com suas intervenções corretivas, Cláudio Guerra chegou ao grande problema da comunidade de informações, que era encontrar um meio de controlar o delegado Sérgio Paranhos Fleury, com suas espalhafatosas execuções em São Paulo, sempre sob os holofotes da imprensa. Um traço comum de sua própria personalidade policial.

Em decorrência dessa característica de Fleury, surgiria, por meio de Guerra, o método em que os executores não mais atuariam em suas regiões de origem, por serem facilmente identificados. São Paulo, pelo seu gigantismo e por ser território marcado para Fleury matar, passou então a ser invadido pelos seus pares de outras regiões.

A partir da adoção de sua proposta, os crimes não só foram envoltos em silêncio, como também passaram a contar com a presença sempre estratégica, na área da ocorrência, de um oficial superior, para repassar a versão desejada do episódio à imprensa. Geralmente, incriminava o grupo de esquerda morto na operação.

Sua competência, em matéria de execução e de estratégia, o levaria logo à condição de principal lugar-tenente do coronel Freddie Perdigão, cérebro e ideólogo do sistema de repressão da comunidade de informações. Devido ao êxito de sua trajetória, Guerra alcançaria, em pouco tempo, o lugar de estrategista do escritório do SNI no Rio de Janeiro, cargo que nenhum outro executor jamais conseguiria.

Estaria de volta ao campo de operação quando da implantação do projeto que visava a prolongar a vida da ditadura, com atentados atribuídos fantasiosamente aos membros do PCB (Partido Comunista Brasileiro). A exemplo do período das execuções, neste também esteve presente a sua reconhecida perfeição técnica.

Durante os quase dois anos em que, com Marcelo Netto, o ouvi exaustivamente para este livro, percebi seu incômodo com a possibilidade de que suas confissões fossem entendidas como a busca de um perdão ou um explícito arrependimento. Embora não haja como afastar suspeitas nessa estranha reviravolta em sua vida atual, Guerra surgiu na figura radiante de pastor de Igreja, com a singularidade de sua história atraindo público para ouvir, em sermões, a narrativa de sua experiência com o mal e a sua opção pela fé e pelo bem, na tentativa de refazer, no presente, o seu passado.

APRESENTAÇÃO

Marcelo Netto

Na minha opinião, foi bom para o país que os militares tenham vencido aquela guerra suja dos anos 1970. O Brasil hoje é melhor do que seria se nós – o outro lado – os tivéssemos derrotado.

Mas não eram necessários tantos crimes bárbaros, tanta violência, tanta tortura, tanta gente morta.

Por pouco não cruzei com Cláudio Guerra no final de 1972, quando ele estava começando a matar para os militares e eu indo para a cadeia, de onde só saí mais de um ano depois. Estávamos na mesma área daquele conflito clandestino. Sempre digo que tive sorte na vida. Ainda mais agora que conheço tão bem o seu passado.

Não é nenhuma síndrome de Estocolmo.

Muita gente viveu e sabe como foram, de verdade, aqueles tempos. Do nosso lado muitos tiram proveito pessoal ainda hoje, de maneira absurda, se promovendo, se aproveitando e construindo o seu ganha-pão, imerecidamente. Talvez a maioria não saiba como foi. Tenho vergonha, também, de algumas "corajosas" verbalizações de revanchismo.

Passei algum tempo em pronto-socorro, em sala de cirurgia, estudando urgência médica, me preparando para lutar e para matar. Pratiquei pequenos roubos como preparação para assaltos maiores. Dormi em quartos recheados de bombas. Discuti a explosão de duas pontes. Planejei o assassinato de pessoas.

Fui um ambicioso projeto de criminoso político. Hoje tudo está envolvido numa névoa de mistério e romantismo, mas estávamos falando sério e feio. Foi bom termos perdido.

Convivi muitas semanas com o pastor Cláudio Guerra. Apesar de totalmente materialista, nas nossas longas conversas pessoais e pelo Skype tentei entender o que ia dentro da sua cabeça. Fustigava sua memória, mas procurava compreender a sua fé e o que o motivava a falar depois de tanto tempo.

Fui buscar recordações sobre ele de quando era repórter iniciante. Lembro-me de uma entrevista que Rogério Medeiros, então meu chefe, me mandou fazer.

Meu medo era tanto que me pareceu ser o seu gabinete de delegado do DOPS totalmente escuro. Dia desses perguntei se era. Ele disse que não, sem entender.

Cláudio Guerra foi muito duro e mau, matou muito, mas nunca torturou. Foi o que me confirmaram as pesquisas que fiz. O curioso é que o seu chefe imediato, seu mentor na repressão, foi um coronel torturador, talvez o mais sádico de todos.

Recentemente, num dos muitos interrogatórios em busca da recuperação dessas memórias tão valiosas para o Brasil, ele me contou que passava mal quatro ou cinco dias depois de seus crimes. Tremia e achava que ia ter um ataque cardíaco.

Noutro dia me pediu para tirar um nome deste livro, depois que consegui fazê-lo revelar uma informação importante. "Sabe" – falou com a sua voz tranquila – "se este nome sair, ou ele vai me matar, ou eu vou ter de matá-lo. Como eu não mato mais..."

As histórias de Cláudio Guerra são importantes para a reconstrução de um período muito ruim de nossa história. Desejo e tenho esperança de que este relato ajude de várias maneiras.

A luta política clandestina gerou desnecessárias barbaridades. É feio para um militar de carreira torturar e matar um inimigo já preso e desprotegido. É indigno.

Penso que vários crimes políticos vão ser esclarecidos a partir deste depoimento de Cláudio Guerra, pois ele ajudou a dar passos importantes no sentido de elucidar outros episódios históricos relevantes. Cabe às autoridades dar prosseguimento a estas apurações.

Várias famílias ficarão tristes ao ler o que aqui está escrito. Vão saber como entes queridos morreram e desapareceram para sempre. E que sofreram muito em suas horas finais. São histórias dolorosas que devem ser contadas para que não sejam repetidas.

O relato de Cláudio Guerra é importante para que o Brasil evolua e consolide uma democracia jovem, irreversível, mas ainda muito irresponsável e imatura.

Os militares não devem ter medo de conviver com os erros de um passado que acabou levando, por caminhos tortos, a um Brasil melhor. Aquilo foi uma guerra nojenta. Inteligente será aprender com as indignidades cometidas.

Os esquerdistas, que se locupletam arrotando atos heroicos que nunca praticaram, deveriam botar a viola no saco e ir trabalhar. Os militares estão ajudando mais o país do que eles.

Voltando a tentar entender a cabeça do hoje pastor Cláudio Guerra e seu mundo interior, o mais perto que cheguei – acho – foi quando contou como matou o tenente Odilon. Foi um crime violento, cheio de sangue; quando acabou de contá-lo, o que fez numa assentada, expirou fundo, muito fundo, e fez um longo silêncio. Percebi ali uma fragilidade, um cansaço revelador, notei que tinha acontecido algo importante, mas não sei dizer com certeza o quê.

Cláudio Guerra é um cara tranquilo, cheio de filhos e netos, estudioso e dedicado ao que faz, e está consciente de que vai enfrentar momentos difíceis de agora em diante, no final da vida, por causa dessas revelações.

Conheci parte de sua família. Fui bem recebido por ela. É um grupo familiar razoavelmente bem resolvido; já vi piores, sem que o patriarca tivesse sido o que Cláudio foi, o que depõe – no meu modo de ver – a favor dele.

Prometi que, na medida do possível, vou estar ao seu lado na caminhada que começa com a publicação do seu depoimento. Não é possível saber o que isso significa, mas vou tentar. Menos por curiosidade do que por gostar, hoje, dele.

As Organizações Globo são empresas sérias, não precisam, não querem e, provavelmente, não vão gostar dessa minha defesa. A maior parte de minha carreira profissional se desenvolveu lá. Exerci vários cargos de confiança, duas vezes diretor, e em todos os estágios de minha caminhada profissional nunca recebi qualquer orientação fora da ética jornalística. Fiz vários amigos lá, todos profissionais da mais alta categoria. E sempre recebi meu salário pontualmente. Criei meus filhos basicamente com o meu suor, pago por aquela empresa. Sinto-me orgulhoso de ali ter trabalhado.

Vou morrer com saudade dos almoços no 5º andar da rua Lopes Quintas, no gabinete do Dr. Roberto, das conversas a três com o advogado e conselheiro Jorge Serpa. Nunca vou me esquecer de um telefonema matinal do dono da Globo, num domingo, com aquela voz rouca e rascante, alertando para um "pacote econômico" que o ministro da Fazenda do governo Sarney, Maílson da Nóbrega, estava preparando. Nem da minha alegria de repórter ao responder que já estava ciente do assunto e providenciara para que ele virasse manchete do jornal de segunda.

O Dr. Roberto Marinho era um homem sério, assim como seus filhos. E construíram um patrimônio do qual o Brasil deve se vangloriar.

Do mesmo modo temos que nos orgulhar do jornal *Folha de S. Paulo*, que não quer, não precisa nem vai gostar do que defendo aqui. É também uma empresa séria, que revolucionou o jornalismo brasileiro. O país deve à *Folha* parte desta democracia tão duramente conquistada. Sei disso porque testemunhei, como repórter, o trabalho ali realizado. Foi esse jornal que me deu o primeiro emprego quando cheguei a Brasília, sem registro profissional e perseguido pelos militares. Foi ele quem me bancou. E foi para ele que fiz a cobertura dos episódios daquela época.

Nesse período tive a honra de conhecer pessoalmente o senhor Frias, homem gentil, educado, assim como seus filhos, Luis, Otavinho e Cristina. Uma família admirável. Agradeço a eles a estabilidade profissional que me proporcionaram em um dos piores momentos de minha vida.

Falo sobre as Organizações Globo e a *Folha de S. Paulo* por gratidão, mas ciente de que vou irritar uma minoria que pensa diferentemente de mim, por motivos pouco recomendáveis, na mesma linha daqueles que vão tentar continuar tirando proveito pessoal das revelações de Cláudio Guerra.

I

A TRAJETÓRIA DE UM MATADOR

Ao lado do delegado paulista Sérgio Paranhos Fleury, o também delegado capixaba Cláudio Antonio Guerra sobressaiu nas execuções de adversários do regime militar.

Guerra e Fleury foram recrutados pelos desempenhos à frente dos esquadrões da morte do Espírito Santo e de São Paulo nos anos 1970, e já por aquela época eram tidos como os mais sanguinários matadores para os que se encontravam em atividade política de esquerda no Brasil.

A longa trajetória de crimes praticados pelos seus esquadrões rendeu-lhes fama com a população de seus respectivos estados como implacáveis combatentes da criminalidade.

Resultaria também numa vertiginosa ascensão em suas carreiras. No caso específico de Guerra, chegaram até a criar para ele um cargo paralelo ao do chefe de Polícia, subordinado apenas ao secretário de Segurança Pública.

Em sua acelerada carreira policial, Fleury e Guerra passaram pelas principais delegacias, como a de Roubos e Furtos, onde aprenderam a lidar com informantes e com a tortura, conhecimentos básicos empregados quando de suas passagens pelo DOPS e a serviço do regime militar.

A partir daí, seus atos passaram a figurar nas manchetes dos jornais. No caso específico de Guerra, o periódico mais tradicional do Espírito Santo, *A Gazeta*, costumava dedicar-lhe elogiosos editoriais.

Era também comum ser homenageado e cortejado pelo mundo político e empresarial. Seu gabinete no DOPS foi frequentado por dois governadores do período da ditadura militar: Elcio Alvares e Eurico Rezende.

O que transformou Guerra publicamente num malfeitor foi o assassinato da colunista social Maria Nilce. O crime foi a ele creditado, uma vez que a jornalista desempenhava o papel de algoz das elites capixabas, das quais ele se tornara guardião.

A partir desse fato, desapareceu o encantamento da imprensa local para com ele. O assassinato de Maria Nilce atraiu jornalistas de todo o país, que devassaram a vida de Guerra no mundo do crime capixaba.

O jornal *O Estado de S. Paulo* chegou a fazer um gráfico com os seus crimes. Atribuiu-lhe cerca de 60 eliminações num curto espaço de tempo. Até o *Globo Repórter* encenou alguns de seus delitos, para dar ideia do tamanho de sua crueldade.

Com a entrada da imprensa nacional na cobertura dos crimes no Espírito Santo, a mídia capixaba abdicou do culto à personalidade de Guerra e passou a seguir a mesma linha noticiosa dos grandes jornais.

Suspeitando que Guerra tivesse o controle do aparelho policial, o governador Max Mauro federalizou a investigação dos seus crimes, e um inquérito feito pela Polícia Federal o apontou como o chefe do crime organizado no Espírito Santo.

Na mesma linha de Fleury, de ligação com o jogo do bicho no Espírito Santo, o delegado Guerra, juntamente com o capitão Ailton Guimarães, com quem havia travado conhecimento nos porões da repressão do regime militar, inventou uma nova modalidade para o jogo do bicho no estado, reunindo os bicheiros numa única banca. Só não fizeram fortuna pelo exíguo tempo de vida da organização ilegal.

Os que não aderiram foram eliminados. Os bicheiros Francisco Ferreira, o Chiquinho, Ronaldo Regis Barbosa e Luiz Siqueira, o Goiaba, acabaram assassinados. Nesse caso das Bancas Reunidas, o de maior repercussão foi o atentado à bomba ao bicheiro Jonathas Bulamarques, seguido de seu assassinato. Pelo crime, Guerra foi condenado a 42 anos de prisão.

O caso mais ruidoso da sua era no Espírito Santo viria a ser, no entanto, os assassinatos de sua mulher e de sua cunhada dentro de um carro, em dezembro de 1980, sendo os corpos jogados num lixão no bairro de Itacibá, no município de Cariacica, vizinho de Vitória. Resultado: uma condenação de 18 anos, que está suspensa.

A diferença entre Fleury e Guerra somente vai começar a ficar clara na parte final de sua caminhada: Fleury morreria num malcontado acidente de lancha em Ilhabela, São Paulo; Guerra, dez anos depois da morte de Fleury, seria condenado pelo atentado a Jonathas.

Guerra cumpriu pena em um presídio de segurança máxima por seis anos, acrescidos de outros quatro em delegacias, soma de tempo que lhe permitiu desfrutar do regime semiaberto a partir de fevereiro de 2010, já aos 71 anos.

II

RESUMO DE UMA LUTA DE 15 ANOS CONTRA A ESQUERDA

Foi impossível definir em quantas mortes Cláudio Guerra esteve envolvido, com motivação política ou não, nesses meses de conversas, gravações, redação e pesquisa. Quando perguntado, Guerra sente-se desconfortável e nunca chega a uma conclusão. Essa pergunta infelizmente ficará sem resposta. Contudo, não será exagero afirmar que esse número está em torno de uma centena, em que ele esteve direta ou indiretamente envolvido.

Cláudio foi um dos principais operadores da linha-dura do regime militar, um agente secreto que nunca esteve em listas de entidades de defesa dos direitos humanos e de torturadores, até porque não torturava. Matava. Guerra começou a eliminar esquerdistas no início de 1973.

Foi homem de total confiança do coronel Freddie Perdigão e do comandante Vieira, um do SNI e outro do Cenimar, respectivamente, seus chefes imediatos e expoentes do que houve de mais violento na guerra clandestina vivida no país. A mando dos dois esteve envolvido com a morte e a ocultação de cadáveres de vários adversários dos militares e com explosões e atentados políticos. Em nome do regime matou muitas vezes sem saber os motivos, sem conhecer a vítima, cumprindo com determinação ideológica as ordens superiores.

As histórias de Guerra começam no final de 1972, quando ele foi apresentado por Geraldo Abreu, procurador federal no Espírito Santo, ao coronel Perdigão e ao comandante Vieira. Nasceu assim uma relação criminosa de mais de 15 anos. Esse trio – Perdigão, Vieira e Guerra – por si só fez um grande estrago na esquerda armada e não armada do Brasil.

Sempre orientado por seus mentores, Guerra passou a participar das conspirações, planejamento e execução de atentados contra a incipiente abertura política promovida pelo general Ernesto Geisel em meados daquela década.

No início dos anos 1980, Guerra foi o mais ativo executor de atentados contra a redemocratização do Brasil.

Perdigão, Vieira e outros que fizeram o trabalho sujo dos militares rejeitaram a redemocratização, saíram da cadeia de comando e abriram uma dissidência militar, estimulados por oficiais conservadores. Foram derrotados.

A ditadura militar caminhava para o seu fim e Cláudio Guerra passou a ter problemas e a perder poder no seu trabalho oficial como delegado do temido DOPS.

Um inquérito feito pela Polícia Federal apontou Guerra como o chefe do crime organizado no Espírito Santo. Acabou preso e condenado, e viveu em silêncio desde então.

III

CLÁUDIO GUERRA POR ELE MESMO

Acabo de sair da cadeia depois de cumprir pena de sete anos pelo atentado ao bicheiro Jonathas Bulamarques de Souza. Um crime feito para dar fim às chantagens do bicheiro contra dois coronéis do Exército que ocupavam a chefia de Polícia e a Secretaria de Segurança Pública do Espírito Santo.

Embora seja responsável por inúmeros outros crimes, que ainda vou dar a conhecer, o de Bulamarques não é meu, mas de um tenente do Exército, Odilon Carlos de Souza, especialista em explosivos.

Odilon estava no Espírito Santo a serviço do projeto dos militares de promover atentados que pudessem ser atribuídos ao Partido Comunista Brasileiro – PCB – com o intuito de prolongar a permanência do governo militar no poder.

Preciso me fazer conhecer antes de chegar aonde pretendo – os crimes que pratiquei a serviço do regime militar. Sou o delegado de Polícia Civil do Espírito Santo Cláudio Antonio Guerra, de 71 anos. Antes de ocupar esse cargo, fui servidor da Justiça de Minas Gerais, no município de Mantena, fronteira com o estado do Espírito Santo.

Com o célebre coronel PM de Minas, Pedro Ferreira dos Santos, que tinha base em Governador Valadares, participei de várias diligências para combater o banditismo na fronteira capixaba. Deixamos marcada a nossa passagem por lá com a eliminação, de uma só vez, de cerca de 40 pistoleiros e algumas lideranças camponesas.

Em seguida, vim para Vitória e ingressei na Polícia Civil. Se lá servi às elites rurais, no Espírito Santo prestei serviço às suas elites políticas, ocupando os principais postos daquela corporação. Como delegado do DOPS, estabeleci ligações com o regime militar. Participei das execuções de terroristas em vários pontos do país e também estive presente aos atentados que visavam à ampliação da vida do regime militar.

Enquanto servi ao regime, lhe fui absolutamente leal, a ponto de até aceitar a autoria de um crime que não fora meu. E no presídio usei dessa lealdade para apagar da minha mente todos os outros que cometi em favor dos militares, não só por reconhecimento da causa comum, como também por terem confiado em mim para importantes missões. Mas na cadeia eu passei a conhecer Jesus. Ao me aprofundar no conhecimento da palavra do Senhor, vi a necessidade de caminhar para além do perdão.

E assim resolvi vir a público revelar todos os meus atos quando trabalhei em favor do regime militar. Aquilo que para mim era matar um inimigo ficou claro, com Jesus, não passar de crime hediondo, que a partir de agora todos vão conhecer.

Aprovo a maneira como os autores deste texto escreveram as minhas memórias e confirmo que elas dizem fielmente o que relatei com base em minhas lembranças e algumas anotações.

IV

MATANDO FRIAMENTE

MORTES EM SÃO PAULO, RIO DE JANEIRO,
BELO HORIZONTE E RECIFE

A minha participação na guerra contra a esquerda no Brasil pode ser dividida em duas fases: a primeira foi de execução dos inimigos do regime militar. Eu era convocado e matava. Muito eficiente, passei a ter importância crescente na comunidade de informações, que organizava o combate aos comunistas.

Na segunda fase tornei-me estrategista, braço direito dos coronéis linha-dura, ganhando prestígio e poder, participando de discussões secretas, votando pela eliminação de pessoas, planejando e liderando atentados a bomba.

Virei combatente dos subterrâneos da batalha contra a guerrilha no segundo semestre de 1972, mas nessa época eu já era um policial experiente e famoso no Espírito Santo. Eu era delegado do DOPS, conhecido, temido e respeitado como investigador e exímio atirador de elite. Por esse motivo fui convidado para uma reunião na Procuradoria da República, escritório de Vitória, no Espírito Santo, pelo procurador Geraldo Abreu.

Naquela época o papel desse órgão era muito diferente. Alguns procuradores tinham ligações íntimas com o regime militar. Quando fui para a reunião, não imaginava que iria entrar numa guerra política, no submundo da luta contra os inimigos do regime.

No escritório do procurador conheci aquele que seria o meu mentor, chefe e depois companheiro no combate à esquerda armada, coronel Freddie Perdigão. Ele me recrutou, cooptou, comandou e treinou, transformando-me no mais eficiente e secreto agente da direita ligado ao seu grupo. Não foi difícil para o coronel, sempre fui um homem muito conservador.

Hoje, aos 71 anos, pastor evangélico, preferiria que esse dia não tivesse existido. Saí daquele gabinete consciente de que era um caminho sem volta, e de fato foi, até o momento em que tive um encontro com Jesus Cristo. Passei então a acreditar que poderia voltar, ter uma nova vida, na companhia de Deus. Agora minha luta é esta: ter uma vida normal. Estou em paz.

Começamos a nos encontrar no 38º Batalhão de Infantaria, do outro lado da baía de Vitória, no município de Vila Velha. O quartel e o comando da Marinha eram seus vizinhos.

O 38º BI mantinha relações com a comunidade de informações no Rio. Ali tínhamos reuniões semanais com os comandantes militares da área, os chefes das seções de informações dos batalhões, membros da Vale, dos Correios e Telégrafos, o agente de informações da Universidade Federal, o procurador da República Geraldo Abreu e o secretário de Segurança do estado. Eu era o representante do DOPS.

Perdigão passou a levantar minha ficha, a minha personalidade, a me observar. Descobrimos que ambos fazíamos parte da maçonaria e cresci de importância na comunidade formada pelos órgãos de informação do estado. Daí para as execuções foi um pulo. Logo me destaquei como um ótimo executor, discreto e eficiente, e Perdigão passou a me escalar em suas operações. Ele necessitava de uma pessoa de confiança fora do eixo Rio-São Paulo para operar em outros locais sem ser reconhecido. Um especialista hábil, secreto e com mobilidade.

As execuções eram associadas sempre a manobras para provocar confusão e despiste. Regras simples, mas muito eficazes. Quando era para eliminar somente um guerrilheiro urbano, a ação era seguida de conversas diversionistas, após a execução, com as testemunhas oculares. Rapidamente, um ou dois agentes se misturavam entre os populares e começavam a descrever o tipo físico do atirador e o veículo de fuga, totalmente diferentes da realidade. As pessoas absorviam aquelas informações, se confundiam, passavam a acreditar nelas, até mesmo as aumentavam e davam depoimentos incoerentes, dificultando qualquer investigação.

Uma segunda regra era usar agentes de outras cidades. São Paulo mandava uma equipe para o Rio, que mandava outra para Belo Horizonte, e assim por diante. A praça do atentado apenas dava apoio e tumultuava as perícias e as investigações.

Perdigão, que precisava cada vez mais recrutar pessoas com o meu perfil, foi gostando de minha atuação a cada missão e eu fui ganhando confiança e crescendo de importância entre os militares. Em determinado momento passei a ser mais relevante para o governo militar praticando ações clandestinas fora do Espírito Santo do que como o conhecido e temido policial do DOPS em Vitória. Assim passei a executar operações, as mais difíceis, no Rio de Janeiro, em São Paulo, Minas, Pernambuco e também no Espírito Santo. No início apenas para atirar e matar, sempre num contexto em que eu só tomava conhecimento, em cima da hora, do local, da pessoa e do momento da ação. O sigilo era fundamental entre as equipes; ninguém sabia qual a missão da outra. Minha técnica foi sempre a mesma: dois tiros diretos no peito da vítima. Era o que bastava. Se necessário, daria outros. Na maioria das vezes não se sabia nem a motivação da missão, tampouco o nome da vítima. As informações eram mínimas. Eu recebia as ordens, me levavam ao local, apontavam o alvo e eu agia. Nunca participava dos levantamentos preliminares. Por isso tenho muita dificuldade em lembrar nomes, datas e locais.

Vocês vão entender tudo isso ao acompanhar o meu relato. Minha memória enfraqueceu por causa da idade, dos problemas de saúde que tive, dos longos anos de cadeia – alguns na solitária, para não ser assassinado pelas pessoas que havia colocado ali, atrás das grades, para onde também acabei indo. É difícil para mim, até hoje, identificar algumas das pessoas que eliminei, e vou precisar de ajuda. Primeiro porque as versões dadas aos crimes eram distorcidas pelos órgãos oficiais de perícia e investigação. Além disso, a imprensa da época era censurada e raramente conseguia dar elementos mais contundentes para esclarecer as mortes. Muitas nem foram noticiadas.

A coletânea elaborada pela Presidência da República sobre os desaparecidos políticos me ajudou a identificar algumas das execuções feitas por mim e outras que ouvi a partir de relatos de companheiros de luta. Sei o que fiz e vou contar minha participação. Tudo o que me lembrar.

Abril de 1975 – Nestor Veras

Foi em Belo Horizonte. Nestor Veras[1] tinha sido muito torturado e estava agonizando. Eu lhe dei o tiro de misericórdia, na verdade dois, um no peito e outro na cabeça. Quem mais participou da execução? Bem, os detetives investigadores Joãozinho Metropol e Saraiva estavam comigo.

Nestor Veras já estava preso na Delegacia de Furtos em Belo Horizonte. Ele estava bem machucado. Após tirá-lo de lá, o levamos para uma mata e demos os tiros de misericórdia. Foi enterrado por nós.

Seis de abril de 1973

A ordem era executar uma pessoa num ponto de ônibus da avenida Angélica, em São Paulo. Participaram comigo dessa operação o sargento Jair, o tenente Paulo Jorge e o Fininho, da equipe do Fleury. Matamos Ronaldo Mouth Queiroz.

---

[1] Nestor Veras – Membro do Comitê Central do Partido Comunista Brasileiro (PCB). Anexos, pg. 207.

O ex-tenente Paulo Jorge, conhecido como Pejota,[2] policial militar do Espírito Santo, era um exímio atirador de elite da minha equipe. Foi assassinado nos anos 1990. Depois de sua trajetória na luta contra a esquerda, ele retornou ao Espírito Santo, envolvendo-se em crimes de mando, até ser expulso da Polícia Militar. Perdigão o usava nesse período para tal tipo de crime, o que para mim foi uma decepção. Decepção com o Perdigão, claro.

No caso da morte de Queiroz, Fininho ficou incumbido de dirigir a Veraneio e mostrar o alvo, seguindo a regra do agente local: apenas apontar e dar apoio. Chegamos, descemos, atiramos e saímos, com Fininho na direção. O que ocorreu depois foi coordenado por oficiais do Exército e da Marinha. Eles distorceram a perícia e criaram cenários. Normalmente isso era feito também plantando-se uma "vela", jargão policial usado para a técnica de colocar a arma na mão do cadáver, o que sustentaria a versão de que houve troca de tiros.

Nesse caso também houve o esforço adicional para confundir os populares que estavam presentes no momento da execução, no ponto de ônibus. Outro agente dos militares começou a difundir uma versão sobre como era fisicamente o matador, no caso eu; segundos depois, a história dele já estava sendo assumida pelas testemunhas. Isso complicou muito a apuração.

---

[2] Entre os crimes mais conhecidos do Pejota estão a morte do advogado Joaquim Marcelo Denadai, do ex-vereador Antônio Denadai e do jornalista José Roberto Jeveaux, no Espírito Santo. Ver Anexos.

Soube depois que, nesse esforço para confundir as investigações, um popular que assistiu a tudo foi levado pela equipe de apoio e pode ter sido eliminado como queima de arquivo.

Lendo o livro *Desaparecidos políticos* reconheci Ronaldo Mouth Queiroz[3] como a vítima dessa execução.

Abril de 1973

Fui convocado pelo coronel Freddie Perdigão para matar alguém que já havia sido liquidado por tortura, no DOI-Codi da rua Barão de Mesquita. Mais uma vez foi montado um cenário de resistência e colocada a arma na mão do defunto para fingir uma troca de tiros. Simulamos a morte de Merival Araújo.[4]

Eu e minha equipe pegamos o corpo na PE da Barão de Mesquita e, orientados pelo coronel Perdigão, o levamos para a Baixada fluminense; pelo que ainda me lembro, para São João de Meriti, é preciso pesquisar mais.

---

[3] Ronaldo Mouth Queiroz estudava Geologia na USP e era um dos raros quadros remanescentes das mobilizações de 1968 que se manteve atuando nas instâncias estudantis no difícil período entre 1969 e 1972. Era da Aliança Libertadora Nacional – ALN –, organização de esquerda armada radical. Ver Anexos.

[4] Merival Araújo era membro da ALN e foi morto sob tortura na PE da Barão de Mesquita. Sua morte resultou no assassinato do professor Francisco Jacques Moreira de Alvarenga, da RAN – Resistência Armada Nacional. Eram amigos. A ALN entendeu que o professor Jacques deveria morrer por ter entregue Merival aos militares. Ver Anexos.

Montamos o teatro e ainda confundimos e construímos testemunhas. Estavam comigo o sargento Jair e o Paulo Jorge.

Quatro de setembro de 1973

Matamos três militantes de esquerda de Pernambuco numa mesma época, num desdobramento do trabalho do delegado Fleury – dois em São Paulo e um em Recife. Eu dei o tiro que matou o guerrilheiro Emanuel Bezerra dos Santos.[5]

Na época, pouco se sabia sobre ele, mesmo depois de morto. Disseram-me que uma das equipes do Fleury tinha capturado em Recife um terrorista de esquerda perigosíssimo que foi trazido para São Paulo, para o DOI da rua Tutoia. O prisioneiro em questão havia sido escondido pelo delegado do Dops de Recife, José Oliveira Silvestre. Depois de torturado, foi entregue ao delegado Fleury.

Na época, nos foi passado que esses militantes eram perigosos; na imprensa foi dito que um atirou no outro.

Após a prisão deles, em Recife, ambos foram trazidos para São Paulo. Um deles já estava mal, por causa da tortura.

Creio que, na hora em que atiramos, eles acharam que estavam sendo soltos. Não sei direito o que acon-

---

[5] Emanuel Bezerra dos Santos e Manoel Lisboa de Moura, membros do PCR – Partido Comunista Revolucionário –, foram presos em Recife no dia 16 de agosto, e mortos em setembro na capital paulista. Ver Anexos.

teceu. A única certeza que tenho é de que eles morreram naquele momento. Creio que foi isso mesmo. É dedução lógica, não tinha por que eles estarem ali.

Recebi a ordem no escritório do SNI no Rio. Chegamos a São Paulo e o Fininho foi colocado mais uma vez com a gente.

Fomos ao local em quatro: eu, Fininho, Pejota e Jair.[6] Eles, os militantes, estavam conversando. Havia populares por perto. Mesmo assim, os executamos.

Fui informado de que Emanuel tinha dado o serviço para os militares e marcara um encontro no bairro de Moema com outro líder comunista. Era tudo encenação. E ele acabou entregando seu parceiro.

Eu, Paulo Jorge e Pejota fomos chamados para essa missão apenas para atirar e matar. Fomos de Vitória para São Paulo e nos hospedamos no hotel em que ficávamos sempre, na avenida São João, perto do DEIC – Departamento Estadual de Investigações Criminais. Nesse mesmo hotel tive encontros com a agente Tânia,[7] que participou comigo do atentado ao *Estadão*.

---

[6] Sargento da PM, Jair foi assassinado em Maruípe, bairro residencial e dormitório de policiais da Secretaria de Segurança e do Batalhão do Comando da Polícia Militar de Vitória. Jair foi assassinado no início dos anos 1980, com vários tiros, no bar que havia comprado. Guerra suspeita que o crime foi uma queima de arquivo.

[7] Tânia – não descobrimos o verdadeiro nome da agente Tânia. Ela vai aparecer em outro capítulo deste livro, no atentado ao jornal *O Estado de S. Paulo*. Guerra afirma que era uma mulher loura, bonita e que deveria ser agente de alguma polícia militar, talvez do estado de Goiás.

Recebemos do coronel Perdigão a informação de que haveria um encontro entre dois líderes perigosos da esquerda, e que eles estariam armados.

Em missão desse tipo não havia espaço para erro, tínhamos que chegar atirando; se não matássemos os dois de primeira, nós é que morreríamos. Eu e Paulo Jorge éramos muitos bons, não erraríamos os alvos. Pejota era um dos melhores atiradores dessa época de guerra clandestina.

Fomos levados até lá, no Largo de Moema, e ficamos do lado de fora de uma casa. No momento exato do encontro, chegamos atirando e os executamos; foi muito rápido, eles não tiveram tempo para reação. Imediatamente nos levaram de volta para o hotel e retornamos para Vitória no dia seguinte.

Sei que nesse episódio forjaram testemunhas. Foi fácil. Alguém da equipe de apoio contou a versão da troca de tiros entre eles para as pessoas que estavam próximas ao local. Estas somente repetiram o que ouviram, espalharam, aumentaram e até testemunharam, acreditando na versão de um dos agentes. É do ser humano querer participar dos acontecimentos, aumentar o que não viu; essa técnica sempre funciona.

Recife

Eu não sabia o nome do bairro nem o nome da vítima. Passei meses tentando descobrir quem era e agora posso dizer, com base no livro sobre desaparecidos, que matei Manoel Aleixo da Silva.[8] Fui informado de que ele era uma pessoa importante, uma liderança da esquerda.

Recebi passagens Rio/Recife/Rio diretamente da agência do SNI, no Rio de Janeiro. A arma, uma colt 45, modelo 1919, me foi passada pelo delegado José Oliveira Silvestre depois que cheguei à capital pernambucana, além de receber também o apoio logístico. Fui levado para um hotel no centro de Recife, onde pernoitei. O atentado seria na manhã do dia seguinte.

O motorista do carro que me levaria ao local do atentado era o agente Tiago, Abdorah[9] seria o seu nome. Havia ainda outro carro dando cobertura.

Tudo aconteceu entre 9h30 e 10h30.

Foram dois tiros. No peito. É um treinamento israelense esse de fazer dois disparos seguidos. Essa prática me foi ensinada por um instrutor daquele país, de nome Mohamed, que morava em São Paulo. Aprendi bem como fazê-lo no Clube Tietê.

Passei por Aleixo, meu alvo, como se não quisesse nada, e atirei. Ele caiu; para mim estava morto. Caiu duro. Várias pessoas assistiram. Ele estava sozinho, desprevenido. Cheguei perto e atirei. Naquele instante, o fusca que me levou ao local, me garantindo cobertura, me tirou dali.

---

[8] Manoel Aleixo da Silva – desapareceu na madrugada de 29 de agosto de 1973. Era membro do PCR – Partido Comunista Revolucionário. Ver Anexos.
[9] Na lista de torturadores do site *desaparecido.org*, Abdorah da Motta Gomes Filho, agente da PF, lotado em Recife-PE (1970-1971).

Manoel Aleixo da Silva era um líder importante. E eu, sinceramente, espero que essas informações sobre a sua execução sejam suficientes para que a verdade seja recuperada. Os dois comunistas de São Paulo apareceram. Por que o que eu executei em Recife sumiu? O delegado é o mesmo e a data coincide.

Eles vão perguntar por que o corpo não apareceu. Eu vou responder: não sei. Atirei e me tiraram dali. O que pode ter acontecido é que, depois que me tiraram de lá, sumiram com o homem. Não tenho explicação oficial para esse sumiço.

Fui levado depois até o delegado, conversamos um pouco sobre doutrinação política, a necessidade de ser duro com a esquerda, e almoçamos. Em seguida, dirigi-me ao aeroporto.

Kombi na Praça da Sentinela, em Jacarepaguá

O comandante Vieira e o coronel Perdigão me deram a informação de que um Volkswagem cinza-claro passaria pela estrada no sentido Jacarepaguá, na Praça da Sentinela, e que nenhum passageiro desse veículo poderia escapar vivo.

Era assim que Perdigão agia, poucas informações: uma Kombi com pessoas que deveriam morrer.

Ele me pediu ajuda; eu tinha um compromisso no Espírito Santo e não pude participar, mas enviei meus melhores homens. Depois eles me contaram como tudo aconteceu, com detalhes, por dever de ofício. Da minha equipe estavam nesse tiroteio o Pejota e o sargento Jair.

Eles foram para a estrada e fizeram um corredor de atiradores. Perdigão vinha atrás, avisando por um rádio o momento em que a Kombi estava se aproximando do local ideal. O veículo foi metralhado por todos os lados e em seguida jogou-se uma bomba dentro dele. Não sobrou ninguém vivo.

Pelo relato dos meus companheiros, o coronel Perdigão deu vazão em seguida a todo o seu sadismo. Contaram-me que a moça, Ranúsia,[10] mesmo ferida, conseguiu sair do carro antes do fogo, ao contrário de seus três companheiros, que acabaram carbonizados. Estaria mal, agonizando. Foi Perdigão que fez questão de acabar com ela, a tiros. E ria enquanto atirava. Ria alto.

Os quatro jovens estavam sendo monitorados há algum tempo. Essa chacina foi noticiada na época, apesar da censura. Evidentemente foram montados na perícia todos os indícios de resistência.

Mariel Mariscot – 8 de outubro de 1981

O SNI dispunha de uma metralhadora doada pelo governo americano, segundo afirmava com frequência o coronel Perdigão. Ela era embutida numa pasta tipo 007,

---

[10] Ranúsia Alves Rodrigues e outros três militantes do PCBR – Partido Comunista Brasileiro Revolucionário (Almir Custódio de Lima, Ramires Maranhão do Vale e Vitorino Alves Moitinho) – foram mortos pelos órgãos de segurança em 27 de outubro de 1973, no Rio de Janeiro. Ver Anexos.

tinha um silenciador, e só saía do órgão com a sua autorização. Em uma dessas saídas, ela foi comigo.

Mariel Mariscot, agora um ex-integrante da Scuderie Le Cocq, foi morto com ela em 1981, no momento em que estacionava o carro em frente ao local aonde iria se reunir com bicheiros. A sua execução foi uma queima de arquivo determinada por Perdigão.

Não participei dessa operação, mas sei como ocorreu. Ao que parece, houve uma votação igual à que selou o destino do delegado Fleury. Os executores de Mariel eram policiais civis e militares das Forças Armadas. A exemplo de Fleury, Mariscot serviu muito ao SNI de Perdigão, e acabou tendo o mesmo destino do delegado.

Suponho que algumas pessoas que votaram pela eliminação de Fleury estiveram presentes no encontro que selou o destino de Mariel. Perdigão e o comandante Vieira, com certeza, fizeram parte da reunião fatídica. Mariel Mariscot foi muito usado pelos militares, que manipulavam várias forças clandestinas, uma delas a Scuderie Le Cocq.

Estranhei muito o assassinato de Mariscot, mas me lembro de que ele estava fazendo as mesmas coisas que provocaram a eliminação de Fleury. Era ambicioso, estava mexendo com drogas e fazendo o que chamávamos "clínica geral".[11] Não eliminava pessoas somente a

---

[11] O inquérito para apurar o assassinato do policial mais famoso da década de 1980 continua a repousar nas gavetas de casos insolúveis da polícia carioca. Tudo o que se sabe, até hoje, é que foi morto com oito tiros por uma pistola automática m-2, com silenciador, na rua Alcântara Machado, no centro do Rio de Janeiro. Ver Anexos.

pedido do governo, mas também por outros motivos, aceitando encomendas, desempenhando-se em função de seus negócios particulares. O regime militar, depois de inteirar-se da situação, resolveu tirá-lo de circulação. No entender dos chefões, ele e Fleury estavam tendo desvio de conduta.[12]

Os responsáveis pelo inquérito sobre a morte de Mariel deviam fazer um novo exame de balística no local do crime, pois certamente iriam se certificar de que a mesma arma que o matou esteve no tiroteio da rua Passo da Pátria, 1.244, em São Paulo.

Trinta e um de maio de 1984

Foi em São Paulo, na rua Passo da Pátria, 1.244. Um pedido do Perdigão, numa época em que eu estava metido em tumultuar a abertura política. Havia uma confusão em torno da sucessão do presidente Figueiredo, lembro vagamente. Ele me disse tratar-se de um político,[13] mas depois soube que era Ismael Veríssimo, envolvido com o jogo do bicho.

Fomos escalados, eu e Jacaré, para a cobertura, mas tinha outro carro com o tenente Odilon e mais dois policiais. Na verdade eram eles que iriam atirar.

---
[12] Ver votação sobre a morte do delegado Fleury neste livro.
[13] Ismael Veríssimo, 52 anos, foi atingido na cabeça quando saía da garagem num Voyage. O assassinato foi resultado de uma guerra entre os bicheiros de São Paulo, pois Ismael representava os interesses do banqueiro Marco Aurélio Correa de Mello, filho de Raul Capitão. Ver Anexos.

As duas equipes estavam fazendo campana há mais de um mês. Estávamos cansados e sob a pressão do Perdigão. A vítima ia e vinha ao Rio de Janeiro sempre escoltada. E aí, num começo de noite, a oportunidade surgiu, mas estávamos despreparados.

No final de uma rua havia uma praça onde os carros manobravam. O veículo a ser atingido começou a vir de ré.

Jacaré viu e perguntou: "Você se garante?" Eu estava com a Ingra 380 9mm. Fomos em frente. Jacaré se aproximou, fez uma meia parada e a maleta funcionou. Abri a janela de trás. Foi uma rajada. Uma bala agarrou no cano e eu me joguei para trás, temendo uma reação que não houve. Trocamos, então, de carro, e voltamos para ver o que tinha acontecido.

Ao final da operação, conseguimos atingir mortalmente uma pessoa, e a outra, um segurança, ficou aleijada. Acabei achando que o tenente Odilon e seus parceiros ficaram com medo, já que a escolta do nosso alvo era grande.

Depois Mineiro me contou que não era mais época de execução. Mas foi uma ordem especial do coronel Perdigão. Quem iria contrariá-lo?

Dez corpos incinerados após tortura e morte

Em determinado momento da guerra contra os adversários do regime passamos a discutir o que fazer com os corpos dos eliminados na luta clandestina. Estávamos no final de 1973. Precisávamos ter um plano. Embora a imprensa estivesse sob censura, havia resistência interna e no exterior contra os atos clandestinos, a tortura e as mortes. Tínhamos problemas com pressões políticas fortes.

A primeira tentativa foi a de um intercâmbio de cadáveres. A equipe do Rio passou a despachar os corpos para São Paulo e vice-versa. Mas isso não foi suficiente para manter a discrição no ocultamento dos corpos.

Foi quando, discutindo o assunto com Perdigão e Vieira, surgiu a ideia. Com as transações de armas contrabandeadas pelo Trotte, passei a exercer influência sobre os fazendeiros que precisavam dessas armas para proteger suas terras das possíveis desapropriações advindas da reforma agrária ou de conflitos no campo. Eu fornecia para eles carteiras do DOPS, o que, de alguma maneira, legalizava o uso das armas, garantindo o seu porte. Construí uma rede informal entre esses fazendeiros do Rio de Janeiro, parte de Minas Gerais, Espírito Santo e da Bahia.

Uma dessas amizades, a mais importante para a história que vou contar, foi com uma família de extrema-direita, donos da usina Cambahyba,[14] localizada em Campos dos Goytazes. Eles eram ligados à TFP – Tradição, Família e Propriedade – e muito ativos na região.

Heli Ribeiro era o patriarca da família, homem de muito prestígio local. Faria o que fosse preciso para evitar que o comunismo tomasse o poder no Brasil. Por causa

---

[14] A usina Cambahyba, hoje abandonada, localizava-se em Martins Lage, no subdistrito do município de Campos dos Goytacazes, no Rio de Janeiro. Pertencia à família de Heli Ribeiro Gomes, patriarca e vice-governador do estado do Rio no período de 1967 a 1971. O Complexo Agroindustrial de Cambahyba foi uma das principais indústrias da região. Ver Anexos.

dessa amizade, passei a frequentar a usina e a entender o seu funcionamento. Falei, então, sobre o forno da indústria para Perdigão e Vieira. Alertei que enterrar corpos em cemitérios clandestinos ou jogá-los ao mar – operação comandada pelo Cenimar – já eram técnicas manjadas, que não tinham a mesma eficácia de antes. Relatei a minha amizade e afinidade ideológica e de confiança com Heli, e os dois me acompanharam até a usina de Campos. O local foi aprovado. O forno da usina era enorme, ideal para transformar em cinzas qualquer vestígio humano. E o melhor para eles: pertencia a uma única família. Não havia sócios, logo qualquer envolvimento de outras pessoas, além da família Ribeiro, estaria descartado.

Quem pilotava o forno era o gerente, chamado Zé Crente, e outro funcionário, Vavá. Eles eram os responsáveis pelas queimadas. O forno nunca era desligado e as operações passaram a ocorrer no fim do expediente. Zé Crente e Vavá davam cobertura para que nenhum imprevisto acontecesse, como, por exemplo, um funcionário voltar por ter esquecido qualquer objeto.

Será que uma perícia especializada teria como achar vestígios de corpos humanos mesmo depois de tantos anos? Os resíduos virados em pó no forno da usina eram jogados numa piscina, que, na verdade, era um poço de vinhoto,[15] resíduo da cana-de-açúcar, hoje usado para fazer adubo.

---

[15] O vinhoto é a sobra da produção de álcool. A cana-de-açúcar é moída para a produção da garapa e sobra o bagaço. A garapa entra num processo para a produção do álcool e sobra o vinhoto, que é fétido e possui grande concentração de nutrientes.

Tínhamos uma equipe, Joelson e Camargo, que não participava de operações militares. Camargo hoje é foragido do Espírito Santo, e a última notícia que tive dele era a de que estava trabalhando em Imperatriz, no Maranhão, há muitos anos, antes de ser preso.

Levy foi assassinado por traficantes na Glória, em Vila Velha, acho que em 1986. A Usina Cambahyba foi muito usada para este fim nas décadas de 1970 e 80. Até eu ser preso, sei que o local estava funcionando. Não sei agora, porque não viajei mais, perdi o contato com esse pessoal.

Eu frequentava a usina, todo mundo sabia, ninguém achava que havia algo anormal nisso. Eu era amigo da família de Heli, e costumava viajar para a casa de praia deles, em Atafona, para passar o fim de semana. Minha presença na usina definitivamente não chamava atenção. Fiquei uns três meses em Atafona uma vez, com eles, me recuperando de uma isquemia.

E foi assim que fui responsável por levar dez corpos de presos políticos para lá, todos mortos pela tortura no DOI e na Casa da Morte, em Petrópolis, além dos cadáveres provenientes do DOI da Barão de Mesquita e os que vinham de São Paulo. Mas não matei nenhum desses. Também lá na usina matei e desapareci com o corpo do tenente Odilon,[16] depois que o coronel Perdigão determinou a sua morte em uma ação de queima de arquivo. Perdigão também usou, por conta própria, a usina para esse fim, em ações das quais não participei. Não sei precisar quantos corpos nem quem eram as pes-

---

[16] Ver capítulo sobre essa morte mais adiante.

soas que também foram jogadas no forno. Soube que outros políticos desaparecidos foram queimados lá. Mas não sei nomes e não tenho informações. Perdigão agia com outras equipes.

Quanto aos corpos que foram de minha responsabilidade, eu anotei alguns nomes. Saber do paradeiro dessas pessoas e não revelá-lo à sociedade já estava me atormentando há muito tempo.

Eu sei que cada uma dessas pessoas tem uma família que merece saber a verdade, por pior que ela seja. E se tive coragem, por ideologia, de fazer o que fiz, agora eu preciso ter a mesma coragem para contar o que foi feito.

Ao folhear o *Livro dos desaparecidos,* produzido pela Presidência da República, consegui identificar as pessoas que eu levei para cremação. Os corpos, repito, já chegavam mortos para mim. Não tenho responsabilidade pela tortura e pelo assassinato deles, mas sim pelo desaparecimento.

JOÃO BATISTA RITA E JOAQUIM PIRES CERVEIRA[17]

Os primeiros corpos levados por mim à usina, no final de 1973, eram de João Batista Rita e Joaquim Pires

---

[17] Em 11 de dezembro de 1973, João Batista Rita e Joaquim Pires Cerveira foram presos na Argentina pela equipe do delegado Fleury, segundo testemunhas. Até hoje os familiares não sabem o que de fato aconteceu. Desconfiam que tenham sido sequestrados e trazidos de volta ao Brasil, via Operação Condor, em que teriam sido torturados e mortos. Ver Anexos.

Cerveira. Eu os peguei na Barão de Mesquita. Era de responsabilidade de Fleury dar um destino a eles, mas o lugar onde estavam enterrando em São Paulo já era conhecido de muita gente. Fizemos, então, um favor para o delegado.

ANA ROSA KUCINSK SILVA E WILSON SILVA[18]

Eu me lembro muito bem de um casal, Ana Rosa Kucinski Silva e Wilson Silva, por conta de um incidente no caminho entre a rua Barão de Mesquita e a usina.

Eu e o sargento Levy,[19] do DOI, fomos levar seus corpos. Os dois estavam completamente nus. A mulher apresentava muitas marcas de mordidas pelo corpo, talvez por ter sido violentada sexualmente. O jovem não tinha as unhas da mão direita. Tudo levava a crer que tinham sido torturados. Não havia perfuração de bala neles. Quem morre de tiro não sofre. Morte por tortura é muito mais desumano.

Eu não prestava muita atenção nos detalhes dos cadáveres que transportava. Até porque eles nos eram entregues dentro de um saco. O problema é que, quando

---

[18] Ana Rosa Kucinski Silva e Wilson Silva eram casados e militantes da Aliança Libertadora Nacional. Desapareceram nas proximidades da Praça da República, no dia 22 de abril de 1974. Ver Anexos.
[19] O sargento Levy trabalhou com Cláudio Guerra em Vitória, na Delegacia Patrimonial. Segundo Guerra, sua função era apenas a de carregar os corpos para a usina, não tendo participado de outras operações na luta contra a esquerda armada.

estávamos indo do Rio em direção a Campos, já quase chegando lá, bem naquela reta da estrada, o Chevette em que viajávamos simplesmente pegou fogo. Os corpos do casal não tinham sido afetados pelo incêndio do carro. O que fizemos? Simplesmente saímos do veículo.

Naquela época não havia celular, era tudo mais difícil. O sargento Levy pegou carona até um telefone público, ligou para a usina e eles vieram nos resgatar na estrada.

Enquanto esperávamos, passou uma viatura policial. O sargento Levy se apresentou como militar, explicamos que o carro seria rebocado, que já havíamos pedido socorro, e nos liberaram. Logo depois chegaram João Lysandro, filho do Heli, Vavá e Zé Crente, funcionários da usina, que rebocaram o carro

O Chevette era meu, estava em meu nome. Foi comprado em Campos. Se a concessionária ainda existir, talvez tenha em seu arquivo o registro da troca do Chevette queimado por um Opala zero quilômetro, que me foi dado pelos militares como compensação.

João Lysandro, vulgo João Bala, o filho do vice-governador, faleceu ainda jovem, de enfisema pulmonar. Fumava muito. Um pouco misteriosa aquela morte, mas, como eu estava preso na época, não soube direito como foi.

Depois de uma reunião com Jone Romaguera,[20] para negociar armas, fomos para o Hotel Apa, em Copacabana, o mesmo de outros episódios que vou contar – não sei por que sempre nos hospedávamos nele

---

[20] Ver capítulo sobre o agente da CIA no Brasil.

–, e lá recebemos um telefonema: o irmão de João Bala havia sido assassinado.

João ficou chocado, foi embora, e não sei se o pai dele fez contato com Perdigão. Uns 15 dias depois fomos lá eliminar umas três pessoas por causa dessa morte: eu, Camargo e Miranda, auxiliares meus que não participavam de atos políticos, que não eram do grupo secreto.

Heli, o vice-governador, sabia de tudo o que acontecia na usina, mas nunca esteve nas noites de cremação.

David capistrano e joão massena melo[21]

Eu me lembro bem de dois senhores que peguei na Casa da Morte e levei para a incineração na usina. Disseram-me se tratar de líderes do Partidão. Um deles me marcou muito, porque lhe haviam arrancado a mão direita. Ela estava dentro do saco, perto do corpo, resultado de tortura impiedosa.

O outro homem parecia ter sido mais torturado. Era David Capistrano. A Casa da Morte era para onde iam as pessoas mais importantes. Eu não ia lá sem o consentimento do Perdigão, que sempre me avisava da missão.

Quando estava perto, chegando, parava num bar ou lanchonete e avisava ao coronel, que sempre estava lá

---

[21] Dirigentes históricos do Partido Comunista Brasileiro. David Capistrano participou da Intentona Comunista de 1935 e lutou na Segunda Guerra Mundial como combatente da Resistência Francesa. João Massena Melo foi vereador do Distrito Federal e deputado pelo antigo estado da Guanabara. Ver Anexos.

quando eu ia buscar os corpos. Eu entrava nas dependências por uma espécie de garagem e pegava os corpos que já estavam preparados.

Fiz ainda outras viagens entre a Casa da Morte e a usina de Campos para levar corpos, que eu identifiquei, pelo livro, serem de Fernando Augusto Santa Cruz Oliveira,[22] Eduardo Coleia Filho,[23] José Roman[24] e Luiz Ignácio Maranhão Filho.[25] Mais uma vez, não torturei, não matei. Somente transportei os cadáveres para a incineração. Perdigão e Vieira passaram a contar com a usina de Campos como um braço operacional das execuções, uma alternativa para eliminar vestígios dos mortos pelo regime.

A usina passou, em contrapartida, a receber benefícios dos militares pelos bons serviços prestados. Era um período de dificuldade econômica e os usineiros da região estavam pendurados em dívidas. Mas o pessoal da Cambahyba, não; eles tinham acesso fácil a financiamentos e outros benefícios que o Estado poderia prestar.

Perdigão resolveu levar a gratidão ainda mais adiante e me pediu que sabotasse as outras usinas concor-

---

[22] Fernando Augusto Santa Cruz Oliveira, militante da Ação Popular Marxista-Leninista (APML). Desaparecido em Copacabana no dia 23 de fevereiro de 1974. Ver Anexos.
[23] Eduardo Coleia Filho, militante da Ação Popular Marxista-Leninista (APML). Desaparecido em 1974, aos 26 anos, junto com Fernando Oliveira. Ver Anexos.
[24] José Roman, dirigente histórico do PCB. Foi preso junto com David Capistrano. Ver Anexos.
[25] Luiz Ignácio Maranhão Filho foi militante do Partido Comunista Brasileiro. Desaparecido aos 53 anos, em São Paulo, em 3 de abril de 1974. Ver Anexos.

rentes da Cambahyba. Na época da colheita da cana, nós visitávamos essas usinas para jogar carbureto na plantação e queimar a cana. Fazíamos isso com um aparelhinho que a gente rodava e soltava; o carbureto[26] voava dentro de um peso que o fazia estourar no meio da plantação.

Eu punha pessoas da minha equipe para fazer isso. Não chegamos a quebrar nenhuma concorrente. Apenas colocamos a Cambahyba em grande vantagem em relação às demais.

Cemitérios clandestinos

O que sei sobre cemitérios clandestinos soube de três maneiras.

A primeira, por ouvir dizer, por ter conversado com companheiros que combateram a esquerda comigo, orientados e comandados pelos militares.

A segunda, por ouvir do coronel Perdigão, meu chefe militar imediato no combate às organizações de esquerda.

A terceira, por estar lá em dois episódios: acompanhei o enterro de três corpos e ajudei a jogar outros em um despenhadeiro.

---

[26] Pedra que, quando dissolvida na água, gera um gás altamente explosivo e de odor muito forte. Denominação popular de carbeto de cálcio (CaC_2), utilizado na geração do gás acetileno (C_2H_2). Produz um gás tóxico e explosivo.

Primeiro cemitério

Na cidade de Petrópolis, no Rio de Janeiro, existiu um centro clandestino de tortura e assassinato de adversários políticos do regime militar. Era operado pelos órgãos e por agentes que combatiam os comunistas.

A Casa da Morte[27] – como era conhecida – funcionava na rua Arthur Barbosa, no alto de um morro localizado no bairro de Cachambu. Esse aparelho recebeu presos considerados estratégicos.

Um dos nomes ligados às execuções na casa era o do coronel Freddie Perdigão, que usava o codinome doutor Nagib nesse aparelho.

Eu não entrava na Casa da Morte. Quando chegava a coisa já estava arrumada: os corpos me eram entregues e eu saía. Não tive conhecimento de nada sobre essa casa no que diz respeito à tortura. Apenas colocava os corpos no porta-malas. Cheguei a ir lá apenas porque o coronel Perdigão e o comandante Vieira tinham muita confiança em mim, e sabiam de meu andar, que era reto. Só chegava e apanhava. Eu era, sempre fui, completamente contra a tortura.

Ouvi falar de um cabo que trabalhava lá, o doutor Magno.[28] Ele não só matava e serrava os mortos como

---

[27] Relatos dão conta de que cerca de 20 pessoas que combatiam o governo teriam sido assassinadas nas dependências da Casa da Morte. As ações contra os presos incluíam choques, espancamentos e violência sexual. A ordem era clara: "Que ninguém saia vivo da casa."

[28] Segundo reportagem recente da revista *Época*, um dos acusados de integrar a Casa da Morte é o cabo Félix Freire, que seria o

punha um ácido para acabar com os corpos. Depois os enterrava, sem chances para a perícia conseguir identificá-los. Era o que se falava no serviço. Sabíamos por razão de ofício. Era um meio de destruir o corpo rapidamente.

A casa de tortura era esta [diz Guerra apontando a foto de uma casa publicada na revista *Época* como a Casa da Morte], mas o local onde os corpos eram enterrados não é aqui, pelo menos foi o que me disse o coronel Perdigão, e sim um cemitério clandestino também na estrada para Petrópolis, na serra, próximo a um balneário.[29]

Se eu for até lá, provavelmente identifico. Tem muito tempo e fica difícil explicar onde é, mas acho que sei ir. É em uma estrada que vai do Rio de Janeiro, descendo, e

---

doutor Magno, o homem do CIE encarregado de serrar os presos executados. A denúncia foi feita pelo ex-sargento Marival Chaves. Félix nega as acusações.

[29] Cláudio Guerra acha que existem corpos enterrados em outra casa dessa região. Guerra pediu a Mineiro, um ex-companheiro e ex-policial do Rio de Janeiro, para tentar identificar e fotografar o que ele chama de segunda Casa da Morte. Pediu também que o ajudasse a lembrar o terceiro nome da equipe que viajou a Angola para explodir a Rádio Nacional, e que fotografasse a região do Alto da Boa Vista, onde corpos de presos políticos e bandidos comuns foram desovados numa ribanceira. Guerra recebeu um recado de outro ex-companheiro, Ricardo Wilke, policial do Rio de Janeiro, que teve participação no episódio do Riocentro. O recado foi mandado através do Mineiro: "Você já está fedendo." De lá para cá algumas medidas de segurança foram tomadas para proteger Cláudio Guerra. E aceleramos a edição deste livro.

aí começa a subir, numa curva, onde tem uma casa com jeito de um sítio antigo; é esta a casa.

Eu estava assumindo uma missão naquela área quando Perdigão me revelou a existência dessa outra casa. Eu e Perdigão estávamos numa operação clandestina. Nesse caso, estávamos tramando um assassinato: eu iria me hospedar num balneário, na casa vizinha à do alvo, que era um conhecido político.

A operação foi cancelada, nunca soube quem iria morrer, mas o episódio serviu para que eu conhecesse o cemitério que servia de suporte à Casa da Morte.

A Casa da Morte era um aparelho de tortura, enquanto essa outra era o cemitério clandestino. Temos, então, segundo Perdigão, duas casas da morte.

Acho que há gente importante enterrada ali. Isso me foi dito pelo próprio Perdigão. Desconfio que o corpo da mulher do Baumgarten está lá. Não acredito que tenham retirado os cadáveres, a não ser que Perdigão tenha decidido isso, hipótese em que não acredito, mas perdi o elo com ele, após minha prisão, e ele morreu alguns anos depois.

SEGUNDO CEMITÉRIO

Diversos outros lugares também foram usados como cemitérios clandestinos. Por exemplo, o Joe,[30] que era

---

[30] Joe é o apelido de Josmar Bueno – juiz de boxe reconhecido por Guerra numa reportagem sobre Maguila. Ex-policial liderado por Fleury e depois pelo próprio Guerra.

da equipe do delegado Fleury e que trabalhou para mim após a morte dele, tinha um sítio que servia para enterrar corpos dos torturados pelo DOPS, em São Paulo. Nunca fui lá, mas o assunto era comentado entre nós.

Recentemente, vi Joe numa reportagem do *Domingo Espetacular* (TV Record), em que ele aparecia desejando boa sorte ao Maguila, que havia revelado sofrer de Alzheimer. Essa amizade dele com o boxeador é antiga, vem desde a época de nossa resistência à abertura democrática e da luta contra o comunismo.

Terceiro cemitério

Nesse caso estive lá como encarregado. Esse cemitério fica em Minas Gerais e participei do enterro de três corpos.

Em Belo Horizonte, os presos políticos eram levados para interrogatório na Delegacia de Roubos e Furtos.[31] Lá havia um subsolo onde muita gente morreu. Gostaria de saber se esse subterrâneo ainda existe.

Essa fase é fácil de documentar. Eu precisava de um pretexto para poder exercer o meu ofício de agente do Perdigão, circular entre Espírito Santo, Rio, São Paulo, e Minas Gerais. Afinal, eu era oficialmente delegado do DOPS no Espírito Santo.

Então fui fazer um curso para ser delegado em Minas, na Academia de Polícia Civil. Devo ter ficado em Belo

---

[31] Delegacia de Furtos e Roubos – Divisão de Crimes contra o Patrimônio – rua Uberaba, 175, Barro Preto, Belo Horizonte (MG).

Horizonte uns quatro meses, talvez mais. Na verdade, vivia entre Rio, Vitória, São Paulo e Minas. O curso era um álibi.

E foi aí que aconteceram os casos que vou relatar. Foram três. Matei um, mas ajudei a enterrar outros dois. Estamos falando de Nestor Veras, em abril de 1975. Ele é um dos três que eliminamos numa mata, próximo a BH, na estrada para Itabira. Os três foram enterrados no mesmo lugar, em covas diferentes, uma ao lado da outra, um num dia e dois em outro. Além de Veras, desconheço os nomes dos demais. Lembro-me deste porque dei o tiro de misericórdia, afinal ele havia sido muito torturado e estava moribundo.

Quem participou realmente da execução, quem estava comigo, foram Joãozinho Metropol[32] e Saraiva[33] – detetives investigadores. Fomos nós mesmos que enterramos. O buraco já estava até pronto. Por isso acho que já tinha gente enterrada na região.

Sobre a minha passagem por Belo Horizonte posso dizer ainda o seguinte: soube que também existiu um presídio[34] na estrada, vindo da lagoa da Pampulha, que deve estar desativado, por pressão de grupos de direitos humanos.

---

[32] Policial mineiro, membro da Scuderie Le Cocq, responsável pelo desaparecimento de presos políticos e atentados a bomba.
[33] Haydn Prates Saraiva – registro do nome do policial Saraiva na lista detalhada dos torturadores da ditadura militar.
[34] A carceragem da 16ª Delegacia de Polícia de Belo Horizonte, que fica na avenida Otacílio Negrão de Lima, 640, na Pampulha, foi realmente desativada por pressão de grupos de direitos humanos. Essa era a última unidade da Polícia Civil que ainda mantinha detentos na capital.

As pessoas que morriam ali eram esquartejadas, ensacadas e jogadas na própria lagoa, com pesos. Foi o que ouvi, nunca participei desses fatos. Ouvi também um relato da troca de um argentino por uma brasileira que estava presa em Buenos Aires. Ela veio para Minas e foi executada; teriam sumido com o seu corpo na Pampulha. Isso me foi relatado pelo delegado Prata Neto.[35]

Quarto cemitério

Ajudei a atirar corpos por um penhasco da Floresta da Tijuca. Nesse local foram jogados presos políticos apanhados no DOI-Codi da Barão de Mesquita, na Tijuca. Para ir até lá, você deve chegar pelo outro lado da cidade, no sentido de Jacarepaguá. Não consigo precisar exatamente o local, mas é um despenhadeiro, uma mata muito alta lá embaixo. E é ali que eram jogados os corpos. É como se fosse um mirante, ao lado de uma pedreira. Ali era feita a desova de corpos de criminosos comuns, que a Scuderie Le Cocq usava frequentemente.

---

[35] Delegado Ignácio Gabriel Prata Neto, codinome Grapiúna (DOI-Codi de Belo Horizonte). Foi superintendente da Metropol até 1978, quando uma série de denúncias contra a violência praticada por esse órgão levou o então governador Aureliano Chaves a afastá-lo do cargo, transferindo-o para a Superintendência de Polícia Técnica e Científica. Foi diretor do Detran-MG, nomeado por Tancredo Neves no início de seu governo, em 1983. Também foi subsecretário de Segurança Pública de Newton Cardoso, que governou o estado de Minas de 1987 a 91.

Acompanhei alguns casos e esse foi um dos motivos da mudança do esquema de desaparecimento de corpos. Mais dia, menos dia, tudo seria descoberto. Foi nessa época que discutimos com Perdigão e Vieira a ideia de cremação dos corpos na usina de Campos. Isso foi no final de 1973.

A CHACINA DA LAPA

A Chacina da Lapa[36] foi realmente uma chacina. Eles estavam desarmados. Pejota[37] matou Arroyo, e Fleury, Pomar.

O episódio que ficou conhecido como Chacina da Lapa começou a ser arquitetado na PE da Barão de Mesquita pelo coronel Perdigão.

Um líder da esquerda que havia sido preso, cujo nome eu não sei,[38] passou ao Perdigão a informação de

---

[36] O episódio conhecido como Chacina da Lapa foi o assassinato de três militantes do Partido Comunista do Brasil em 16 de dezembro de 1976, durante uma reunião da cúpula do partido em uma casa no bairro da Lapa, em São Paulo. Pedro Pomar e Ângelo Arroyo eram dois líderes do PCdoB. Ver Anexos.

[37] Paulo Jorge, tenente da Polícia Militar do Espírito Santo, conhecido como Pejota. Atirador de elite, fez treinamento com Guerra na Brigada Militar, no Rio. Acabou assassinado no Espírito Santo.

[38] Segundo revelação do livro *Operação Araguaia: os arquivos secretos da guerrilha*, de Taís Morais e Eumano Silva, Jover Telles entregou aos militares a casa onde ocorreria a reunião da Comissão Executiva do PCdoB, que começou em 11 de dezembro e durou até o dia 16, data da chacina.

que haveria uma reunião do Comitê Central do PCdoB, onde estariam presentes os mentores da Guerrilha do Araguaia, em um casarão na Lapa, em São Paulo.

Nessa época, havia uma desavença entre o delegado Fleury, o Exército e o SNI.[39] Fleury era municiado de informações pelo Cenimar, órgão da Marinha ao qual era mais ligado. Ele havia recebido a notícia de que João Amazonas[40] estaria nesse casarão na Lapa.

Fleury, vaidoso como era, queria ter os louros dessa execução, muito valiosa para o regime militar naquele momento. Assim, sua equipe juntou-se a nós nessa operação.

Foi montada uma megaoperação em que participaram, do Rio, o 1º Batalhão do Exército e a equipe do coronel Perdigão, do SNI, da qual eu fazia parte; de São Paulo, o 2º Batalhão do Exército, liderado pelo doutor Ney,[41] e a equipe do DOPS do delegado Fleury.

---

[39] Guerra conta que Fleury tinha uma relação ruim com os órgãos de repressão do Exército e com o SNI desde a prisão do militante da VPR, Shizuo Ozawa, em 1970. O episódio é conhecido e relatado em livros e reportagens. Shizuo, que foi preso por acaso, poderia levar a repressão a encontrar o ex-capitão Carlos Lamarca, e Fleury queria ficar com as glórias dessa eliminação. O DOI-Codi, porém, requisitou o preso; foi quando sua relação com o coronel Ustra se deteriorou. Os relatos dão conta de que Fleury quebrou várias costelas de Shizuo antes de entregá-lo para o DOI. Isso impossibilitou os militares de, na tortura, obter as informações desejadas.

[40] João Amazonas, principal líder do PCdoB. Estava na China naquele dia.

[41] Doutor Ney: coronel de artilharia Ênio Pimentel da Silveira. Ver perfil em outro capítulo: "Os comandantes de Cláudio Guerra".

A informação era que os ocupantes da casa estavam armados e que provavelmente haveria troca de tiros. Diante dessa possibilidade, escalei para me acompanhar nessa missão o melhor atirador do Espírito Santo, o tenente da Polícia Militar Paulo Jorge, o Pejota.

Nos dias que antecederam a operação, ficamos de campana, cercando o casarão, e passamos a prender todas as pessoas que saíam de lá. Elas eram levadas para o DOI-Codi, na rua Tutoia, onde eram interrogadas e torturadas.

O objetivo da operação era desmantelar a Guerrilha do Araguaia e executar os líderes mais importantes do PCdoB, dizimando o partido. – Era um jeito de desmoralizar ainda mais o importante partido de esquerda que teve a ousadia de promover um levante guerrilheiro e resistir aos militares durante anos na selva.

No dia estabelecido para a invasão, todas as equipes do Rio e de São Paulo cercaram a casa, começando o tiroteio. O primeiro tiro foi dado pelo Pejota e atingiu uma pessoa, Ângelo Arroyo, que saía do banheiro. Ficamos esperando o revide, algum disparo do lado de dentro de casa. Não houve.

Eu e minha equipe estávamos responsáveis pela cobertura da invasão. Fleury entraria com a turma dele. Quando tudo começou, a casa foi coberta pelos tiros do meu pessoal. Pejota acertou o primeiro tiro e eliminou Arroyo.

Fleury, no afã de matar Amazonas, se adiantou, chutou a porta e adentrou o casarão. Encontrou Pedro Pomar rendido, com as mãos para cima. Com dezenas de tiros de metralhadora, o delegado o executou.

Todas as equipes presentes na operação passaram a disparar ininterruptamente durante um bom tempo. O tiroteio aconteceu só de fora para dentro.

Não havia armamento no interior da casa, mas, para sustentar a versão de troca de tiros, a equipe de Fleury colocou armas nas mãos dos cadáveres. No jargão policial essa técnica é conhecida como "colocar vela na mão do morto".

Somente um dos presos na campana dos dias anteriores foi executado: João Baptista Franco Drummond, morto no DOI-Codi da rua Tutoia. O Fininho,[42] policial civil da equipe do Fleury, montou um cenário do lado de fora do casarão. Levou o cadáver para a rua em frente e simulou um atropelamento, dando veracidade à versão oficial de que esse terceiro ocupante teria escapado pela caixa-d'água da casa e sofrido um acidente ao tentar fugir.

O AGENTE DA CIA

Um dos agentes da CIA[43] no Brasil à época virou meu parceiro, mas desconfio também que tentou me matar. Chamava-se Jone Romaguera Trotte e me foi

---

[42] Fininho era o apelido de Adhemar Augusto de Oliveira, policial da equipe do delegado Fleury.
[43] A CIA, Agência Central de Informações americana, apoiou o golpe militar no Brasil em 1964. Durante todo o regime de exceção, vários relatos contavam sobre a presença de agentes americanos dando apoio aos militares que combatiam a esquerda. Cláudio Guerra descreve a convivência com um deles.

apresentado pelo Augusto Pinto Moreira, um dos donos do Angu do Gomes.[44] Era das mãos de Jone que eu recebia muitas das armas que eu usava ou fornecia para várias operações.

A principal função dele no Brasil era trazer armamento. Fazia isso para a Polícia Federal, para o SNI, para muitas das nossas operações clandestinas, e provavelmente para outras sobre as quais não tenho informações. Tudo com o conhecimento do comandante Vieira, do coronel Perdigão e do delegado da Polícia Federal, Cláudio Barrouin.

Trotte não participava de tortura nem das operações. A função dele era fornecer as armas, não só para o governo, mas também para particulares.

Um de seus clientes era o usineiro Heli Ribeiro, que comandou um grande esquema de receptação ilegal de armas. Essas armas iam para os fazendeiros que queriam proteger suas terras, temendo a reforma agrária. Ribeiro, um direitista radical, me ajudou a desaparecer com vários corpos de adversários do regime, como já relatei.

Eu fornecia carteiras do DOPS para os clientes civis do Jone, permitindo o porte de arma, o que criou um vínculo entre mim, o usineiro e os fazendeiros. Ajudei muito o negócio de armas do Jone Romaguera.

Ele fornecia também material de escuta, dispositivos que ainda não existiam no Brasil; trazia pessoal preparado para dar treinamento, além de substâncias ilegais. A que seria aplicada para provocar infarto mortal em

---
[44] Ver "Angu do Gomes – O restaurante da conspiração".

Baumgarten[45] e a que foi usada no Faffe, por exemplo, foi ele quem trouxe.

No SNI, me diziam que o material da injeção era proveniente da Inglaterra, do MIR, mas quem trazia era o Trotte. E quem ensinava os torturadores brasileiros a utilizá-la, assim como a técnica de campana, eram os ingleses, na maioria das vezes no seu idioma, o que exigia a presença de um tradutor.

A maior parte dos treinamentos se dava no batalhão da PM, ao lado do Campo dos Afonsos, uma área enorme, com vários alojamentos.

A pasta com uma metralhadora que Jone Romaguera trouxe do exterior ficou comigo durante muito tempo. Eu a guardava lá no SNI; era uma pasta comum, estilo 007, só que dentro dela havia uma metralhadora Ingra 380[46] 9mm, com silenciador. Você apertava um botão da pasta e ela disparava rajadas de tiro.

O esquema de entrada das armas no país envolvia alguns pilotos da Varig, dos voos que vinham do exterior. Naquela época a tripulação não passava por revistas nos aeroportos. Um dos pilotos era irmão de um famoso ator da Rede Globo, de quem não consigo lembrar o nome.

---

[45] Alexandre von Baumgarten e o técnico da Telerj, Heráclito Faffe, foram vítimas de ataques com injeções envenenadas, cujo objetivo era matá-los como queima de arquivo das operações clandestinas militares. Faffe morreu em consequência dessas injeções, segundo Guerra. Baumgarten escapou, mas foi assassinado de outra maneira logo depois. Os dois atentados estão relatados com detalhes neste livro. Ver "A morte de Alexandre von Baumgarten".
[46] Ver no capítulo "Mortes em São Paulo, Rio de Janeiro, Belo Horizonte e Recife" como essa arma foi usada.

Eu pegava as armas diretamente na casa de Trotte, na Tijuca, Rio de Janeiro. Não sei quem as tirava do aeroporto, nunca participei disso, mas nessa época não havia tanta fiscalização como hoje.

Além do DOI-Codi e do SNI, Trotte também frequentava muito o prédio da Polícia Federal, na Praça Mauá, Centro do Rio. A ligação dele na PF era o delegado federal Cláudio Barrouin.

O norte-americano andava acompanhado de policiais federais, cujos nomes não me lembro, mas um deles foi o que me levou até Santa Teresa. Na época, achei que era uma emboscada para me matar; está tudo contado no episódio em que eu estava infiltrado na Brigada de Niterói.[47]

Barrouin destoava de nós porque atuava na clandestinidade da repressão política mas não tinha qualquer ideologia, agia apenas para ganhar dinheiro. Ele era o cara que o sistema usava para desviar as investigações quando as coisas complicavam. Foi ele quem desviou e confundiu, por exemplo, as investigações da carta-bomba que explodiu na OAB.[48]

O Jone trazia muitas armas. Só na usina Cambahyba deixei várias delas estocadas. Havia tudo o que se pode imaginar, até metralhadora antiaérea. A usina ficava no meio do caminho entre Vitória (ES), onde eu era delegado, e o Rio de Janeiro, lugar do qual partiam as instruções para ações violentas.

Campos para mim acabou se tornando uma cidade estratégica por esse motivo, e também por ter estrei-

---
[47] Ver o capítulo "A Operação Condor no Brasil".
[48] Ver o capítulo "A bomba no Riocentro".

tado laços com a família proprietária da usina. Como isso aconteceu? Desde o final de 1972, quando passei a combater a esquerda radical, montei uma rede de informações e conheci essa família. Acabei ficando muito próximo.

Jone Romaguera tinha uma conta no Banco Itaú, na Tijuca. O pagamento das armas importadas por ele era feito nesse banco. Sei disso porque um dia ele me pagou com cheque a comissão por uma transação de venda de armas, que eu intermediei, com o usineiro Heli Ribeiro. Isso ficou bem gravado na minha memória: ele tinha uma conta em seu nome nesse banco. Por nossa proximidade "profissional", era compreensível que eu visitasse Romaguera[49] naquele bairro e saíssemos juntos.

Sobre a sua origem, o que Jone dizia é que era cubano naturalizado americano. Ele era casado com uma professora brasileira, uma mulata linda. Tinha sotaque arrastado, meio inglês, meio castelhano.

Vivia legalmente no Brasil. Era muito amigo do Augusto, dono do Angu do Gomes; tinha ligações com o coronel Perdigão, andava armado, mas era ligado mesmo ao delegado da Polícia Federal Cláudio Barrouin.

---

[49] O sobrenome Romaguera Trotte aparece na lista telefônica em uma residência na Tijuca em nome de uma mulher. Temos indícios de que ele está vivo e ainda na Tijuca. Há outras pessoas com o mesmo sobrenome, o que indica que pode ter fixado residência no país, na própria Tijuca, e ter tido filhos. Na internet, existe o registro de um processo trabalhista em seu nome; há indicações de que Jone figura como servidor da Dataprev.

Ele andava sempre, como já disse, com outro policial federal da equipe do Barrouin, aquele que desconfio ter ajudado na tentativa de me matar. Como esse policial dominava o inglês, quando queriam trocar informações sem que eu percebesse falavam nesse idioma. Só havia um detalhe: eu não falo mas entendo muito bem a língua.

Hoje, se estiver vivo, Jone deve ter uns 60 anos.

Fui processado e julgado por contrabando de armas. No final do regime militar muita gente queria me destruir, e já na abertura, no período Geisel, tive muitos problemas. A Polícia Federal abriu processo contra mim por causa de algumas armas de Jone Romaguera.

Uma das minhas alegações era a de que o armamento tinha vindo do SNI, e pedi que confirmassem com o coronel Perdigão e o comandante Vieira. Aleguei a doação dessas armas para uso no combate ao crime no Espírito Santo.

Na realidade, essas armas me foram entregues quando estava sendo organizada a operação clandestina da Brigada de Niterói, que Perdigão chamava de Setembro Negro.

Fui condenado a quatro anos de prisão por contrabando e algumas das armas apareciam nesse processo judicial. Cumpri dois anos. De nada adiantaram as informações do coronel Perdigão: fui condenado pela Justiça Federal, e tudo por causa das disputas políticas da época. O curioso é que recentemente fui tirar minha ficha na Justiça Federal e ela estava limpa. Não é estranho?

V

OS COMANDANTES
DE CLÁUDIO GUERRA

Coronel Freddie Perdigão

Freddie Perdigão Pereira nasceu no Rio Grande do Sul em 1937. Era da cavalaria do Exército. Homem de estatura alta, traços largos, falava pouco. Preferia as ações às palavras. Fugia da notoriedade, buscava o anonimato, não podia ser visto nem fotografado – garantias para o exercício de sua perigosa função dentro do regime. Tinha o perfil ideal para ser o elo entre o oficial e a clandestinidade. Muitas informações sobre ele talvez nunca venham a ser conhecidas.

Perdigão foi um dos cérebros mais atuantes da direita no período entre 1964 e 1985, sendo responsável por dezenas de vítimas. Sob codinomes como doutor Nagib e doutor Flávio, o coronel foi um torturador dos mais cruéis, um carrasco que tinha prazer no ofício. Respeitado por seus companheiros na comunidade de informações, era acatado também como um dos mais completos especialistas em técnicas inquisitoriais. Perdigão era um assassino dos mais preparados. Autor e idealizador de vários atentados, sua inteligência e preparo intelectual ajudaram a montar a arquitetura do sistema de repressão política instaurado no Brasil durante os 21 anos de ditadura.

Em 1964, ano do golpe militar, Perdigão, então um tenente do Exército de 27 anos, esteve à frente dos tanques M-41 que protegiam o Palácio do Catete, residência oficial do presidente da República no Rio de Janeiro. Ironicamente estava lá para proteger o presidente João Goulart, que depois fugiu para o exílio. Uma famosa foto desse episódio virou uma espécie de lenda, já que várias versões existiam sobre ela. A dita fotografia ilustrava a parede do seu escritório do SNI, e mostrava o então tenente em cima de um tanque em frente ao Palácio do Catete.

Na verdade, a cena se passou em frente ao Palácio das Laranjeiras, quando acompanhava a saída vitoriosa do governador Carlos Lacerda, um dos líderes civis do golpe militar. Nela ele exibe um evidente olhar de admiração e louvor.[50] Era apenas o início de sua participação no regime.

Em 1968, como capitão, Perdigão trabalhou no Centro de Informações do Exército – CIE. Paralelamente à vida militar, ele ingressou no que se chamava Grupo Secreto, uma organização de extrema-direita que executava atentados com apoio logístico do próprio Exército. Os militares forneciam explosivos, como dinamite sólida ou gelatinosa.

Também é atribuído ao Grupo Secreto e ao próprio Perdigão o sequestro do bispo de Nova Iguaçu, dom

---

[50] Cláudio Guerra reconheceu Perdigão nessa famosa foto – a única até agora encontrada do coronel. Ele foi identificado por causa do detalhe do lenço gaúcho, com nó de maragato, no pescoço.

Adriano Hipólito,[51] que foi espancado e abandonado nu, numa estrada, com o corpo pintado de vermelho. Diz Cláudio Guerra:

> O comentário entre nós era o de que esse sequestro foi praticado por um dos grupos militares administrados pelo coronel Perdigão e pelo comandante Vieira. Sabíamos na época que foi o mesmo grupo militar do Riocentro, aquele do qual fazia parte o sargento Rosário. Nós, do grupo civil de ações, também comandados pelo Perdigão, não participamos desse atentado.

Em 1970, um tiro mudou a vida do coronel Perdigão; um atentado até hoje mal esclarecido, mas que transformou a sua vida pessoal e profissional. Ele não morreu, mas passou a mancar da perna. Perdigão tinha ódio de Fernando Gabeira por causa desse tiro.[52]

A limitação física fez com que o coronel decidisse não aceitar a promoção a general, que demandaria comando de tropa e mudança do Rio de Janeiro. Mas não o impediu de continuar a servir ao regime.

---

[51] Dom Adriano Hypólito foi um símbolo da luta pelos direitos humanos no período da ditadura. Foi perseguido pelos militares devido à importância de sua atuação como bispo de Nova Iguaçu, na Baixada fluminense. Em 22 de setembro de 1976, dom Adriano foi sequestrado, torturado, despido e amarrado no mato, com o corpo pintado de vermelho. A perseguição a ele se deu porque era acusado pelos militares de defender comunistas. Dom Adriano faleceu em 10 de agosto de 1996, aos 78 anos, membro da Sociedade de Defesa dos Direitos Humanos e da Cidadania, causas pelas quais dedicou a vida.

[52] Ver capítulo sobre a tentativa de assassinato de Fernando Gabeira.

Foi para o Serviço Nacional de Informações – SNI – depois de passar para a reserva do corpo militar. Ali Perdigão passou a usar ainda mais o conhecimento adquirido nas escolas e centros não oficiais norte-americanos, durante a campanha do Vietnã, e também no Reino Unido, junto às tropas especiais que combatiam o Exército Republicano Irlandês.

Foi Perdigão quem vislumbrou que a estrutura organizacional do Destacamento de Operações de Informações – Centro de Operações de Defesa Interna, o DOI-Codi, serviria como uma luva para operacionalizar o funcionamento do aparelho de repressão do Estado. A máquina de execução e tortura do governo estava para ser criada.

Para o DOI-Codi, Perdigão levou também as técnicas aprendidas na Scuderie Le Cocq, com a qual passou a manter estreito relacionamento ilegal. Incorporou o conceito de irmandade da organização parapolicial ligada ao esquadrão da morte aos seus quadros no SNI.

Perdigão era funcionário público da repressão política na ditadura militar, mas estava fora da cadeia de comando oficial, passando a afrontá-la. Aliou-se para isso a vários "operadores" do DOI, muitos deles recrutados da própria Scuderie. Nas reuniões com seus homens de confiança, em que premeditavam atentados a bomba, torturas e assassinatos, gostava de ser tratado como doutor Flávio.

Perdigão exercia o lado mais sombrio da repressão. Sua participação também foi confirmada na Casa da Morte, em Petrópolis, um dos mais cruéis aparelhos de repressão, tortura e morte dos inimigos do regime. Era lá que ele incorporava a identidade do doutor Nagib, requintado torturador que cometeu um único erro: deixou sair viva Inês Etienne Romeu, que acabou por denunciá-lo.

O processo de redemocratização do país, iniciado pelo general Geisel e aprofundado pelo general Figueiredo, principalmente após a sanção em 1979 da Lei da Anistia, motivou a reação do grupo linha-dura, do qual o coronel era uma das principais lideranças.

Acostumado com o poder e com a impunidade, o grupo reagiu, e passou a organizar atentados para culpar entidades de esquerda pelos estragos cometidos. A ideia era trazer insegurança à sociedade e gerar um clima de incertezas que minasse o projeto de abertura política construído pelos generais Golbery e Geisel.

É nesse cenário que Perdigão ajuda a tramar uma série de atentados, entre eles aquele que seria o mais cruel de todos: a explosão de uma bomba durante show no Riocentro, em 30 de abril de 1981.

Um erro primário dos militares que carregavam o explosivo detonou-o antes da hora prevista. O acidente matou um sargento e deixou ferido um capitão, que pediu que avisassem Aluísio Reis, o líder da operação. Era ele o responsável: Perdigão.

Em 1987, Perdigão foi finalmente dispensado do SNI pelo governo Sarney. Seus préstimos já não serviam mais a um país que iniciava o processo de democracia.

Em 1999, com a reabertura de um Inquérito Policial Militar, o Superior Tribunal Militar concluiu que havia provas para indiciar o coronel Freddie Perdigão Pereira pelo atentado ao Riocentro. Mas era tarde demais,

Perdigão já estava morto. Em 1997, aos 60 anos, sem pagar por nenhum de seus crimes, o coronel morreu durante uma cirurgia de apêndice.

Morreu como viveu, quase anonimamente, provavelmente infeliz com a consolidação da ainda jovem democracia brasileira.

Cláudio Guerra, um de seus principais agentes, conta:

> Ele era carismático; os militares com os quais convivi gostavam dele. Tinha uma liderança inata, convincente, mas me enganou muitas vezes.
> Ele visitou a minha casa. Queria conhecer a família de todos nós. Acho que tem uma filha.
> Estudou na Escola das Américas. Na parede do escritório dele, no SNI, tinha diplomas de cursos no exterior. Tinha também aquela famosa foto, da qual já falei.
> Falava inglês e era culto. Era um sádico, participou das torturas da Casa da Morte e da chacina da Praça da Sentinela, em que ele foi com um pessoal meu, fez piada dos queimados, do cheiro de defecação. A gente fazia a missão mecanicamente, mas ele tinha prazer.
> No atentado da Praça da Sentinela, ele sorria.
> Tinha ligação estreita com a contravenção, com Castor de Andrade.
> Tinha uma entrada nos cabelos lisos, uma calva, usava brilhantina em corte militar, e era bem alto.
> Odiava Gabeira e dizia isso abertamente; dizia, também, que a anistia e o retorno dos exilados eram uma traição. Ele ficou irritado com isso, muito irritado, particularmente com Gabeira.

Comandante Vieira

Pouco se sabe sobre o comandante Antônio Vieira. Foi reformado em 5 de abril de 2000 sem nunca ter entrado em qualquer lista de criminosos ou torturadores do regime militar, o que mostra como foi discreto. Morreu em 2006 sem pagar pelos seus crimes e até mesmo sem ninguém saber de suas responsabilidades e importância na derrota da esquerda armada no Brasil.

Em 17 de março de 2006, o TCU aprovou a pensão do Serviço de Inativos e Pensionistas da Marinha para, provavelmente, uma filha sua – Maria Luíza Soares Vieira. Nesse processo, o único dado é um número de CPF do militar – 023.541.797-15.

O comandante Vieira era o contato de Alexandre von Baumgarten na agência do SNI do Rio de Janeiro. Ele é mencionado no dossiê Baumgarten ao lado dos coronéis Ary Pereira de Carvalho e Ary de Aguiar Freire. O comandante e Perdigão eram os cabeças da comunidade de informações no Rio.

Além do envolvimento no assassinato do jornalista Alexandre von Baumgarten, Vieira foi um dos comandantes do atentado ao Riocentro e votou pela morte do delegado Fleury, num almoço no restaurante Baby Beef, em São Paulo. Vieira participava também das reuniões do Angu do Gomes.[53]

Um dos poucos registros sobre o discreto comandante encontra-se em uma matéria na *Folha de S. Paulo* sobre o caso Baumgarten. Ninguém quer falar sobre ele.

---

[53] O assunto é retomado em outros capítulos deste livro.

Cláudio Guerra confirma a participação de Vieira nesse caso e diz que ele, ao contrário de Perdigão, acabou passando praticamente incógnito, sem ser acusado dos mesmos crimes do companheiro.

Guerra afirma ainda que existe uma foto dele publicada em uma revista de circulação nacional, talvez na *Manchete*, no noticiário sobre a morte de Baumgarten. Até o fechamento deste livro não havíamos conseguido a foto.

Cláudio Guerra é a primeira pessoa a ressaltar a importância do comandante Vieira nos crimes da ditadura militar. Segue o seu relato:

> Ele era do Cenimar, mas trabalhava com o coronel Perdigão no Serviço Nacional de Informações. Não conheci sua família; meu contato era apenas no SNI quando ele vinha a Vitória.
> Sempre pedia um revólver 38, que eu entregava dentro da Procuradoria Federal, nosso ponto de encontro.
> Era um pouco mais gordo mas, claro, era radical como Perdigão, e é por isso que eram tão parceiros. Tinha ligações com empresários e sempre participava da arrecadação de dinheiro para a luta contra a esquerda.
> Todas as agências de informações do Brasil tinham um panfleto do general Golbery, enforcado, para mostrar que ele era traidor. Alguns radicais pensaram em matar o general. Ligado ao Cenimar e ao SNI, o comandante Vieira foi quem teria desenhado esses panfletos. "Olha aqui, agora querem matar o safado", disse a mim o Perdigão, quando me entregou o panfleto, e falou dessa habilidade de desenhista do Vieira. Era ele quem fazia os croquis das operações; e era muito culto.

O comandante Vieira foi muito citado no caso Baumgarten. Tem uma revista com uma foto dele de frente; pode ter sido a *Manchete*. Lembra do Tarlis?[54] (Ver capítulo sobre o Riocentro.) Foi ele que escreveu sobre Baumgarten na revista.

Somente uma vez o encontrei fora do trabalho. Fui com Perdigão ao clube do Flamengo no aniversário da filha de um comandante. Ele estava lá. Frequentava o Jockey Clube do Rio de Janeiro. Só bebia refrigerante.

Perdigão e Vieira tinham companheirismo e relação com todos os órgãos da comunidade de informação, por isso eram mais eficientes.

Eles torturavam presos políticos; eram carne e unha.

Podemos defini-los como chefes operacionais, mas Perdigão era quem dava o comando.

A imprensa sempre falou que foi o general Newton Cruz – o Nini – quem estava na Praça Mauá no dia da morte do Baumgarten. Não era ele, era o comandante Vieira. A pessoa que o tal Jiló[55] disse ter visto era ele.

Antônio Vieira também estava no comando do atentado ao Riocentro.

---

[54] Tarlis Batista, repórter da revista *Manchete*, muito conhecido na época, frequentador do restaurante Angu do Gomes.
[55] Apelido do bailarino Cláudio Werner Polila, testemunha do desaparecimento do jornalista Alexandre von Baumgarten. Acabou perdendo credibilidade na sequência de depoimentos à polícia. Cláudio Guerra desmente Jiló e afirma que quem estava na Praça Mauá acompanhando a operação era o comandante Vieira e não o general Newton Cruz, o então todo-poderoso chefe do SNI.

Doutor Ney

Baixinho, destemido, extremamente disciplinado, arrojado e idealista, linha-dura. Assim ficou famoso entre seus pares o capitão, major e coronel da artilharia Ênio Pimentel da Silveira, o doutor Ney Borges de Medeiros, ou simplesmente doutor Ney. Sua carreira de serviços prestados à repressão teve início como voluntário na formação da Operação Bandeirantes, a Oban, em 1969.

A Oban foi um centro de informações e investigações montado pelo Exército para coordenar e integrar as ações dos órgãos de combate às organizações armadas de esquerda durante o regime militar. Começou como uma parceria entre Estado e empresários, e foi absorvida pelo DOI-Codi do Exército. A Oban foi a escola que fez do doutor Ney um dos principais responsáveis pela inteligência e estratégia de aniquilamento das organizações de esquerda no país.

Doutor Ney, coronel Perdigão, delegado Sérgio Fleury e comandante Vieira foram os personagens centrais e principais articuladores dessa trama de repressão criada no submundo da ditadura. Guerra conviveu intensamente com todos eles.

Dois outros personagens foram decisivos para a vitória dos militares na guerra clandestina: os coronéis Carlos Alberto Brilhante Ustra e Paulo Manhães, oficiais muito conhecidos dos grupos de defesa dos direitos humanos. Guerra conviveu menos com Ustra, mas, veremos em dois episódios deste livro, a proximidade foi grande no atentado ao Riocentro e na morte de Fleury. Já a convivência com Manhães foi oficial, quase protocolar. Eles eram especialistas em grampear telefones, controlar informantes infiltrados, prender, torturar e matar. E em comandar as várias equipes de apoio.

Em 1972, doutor Ney planejou a emboscada ao grupo dirigente da Aliança Libertadora Nacional em frente ao restaurante Varella, na Mooca, em São Paulo. O DOI fez um cerco e matou três dos quatro dirigentes da organização esquerdista que se reuniam no local. Iuri Xavier Pereira, Ana Maria Nacinovic e Marcos Nonato da Fonseca foram mortos, escapando apenas Antônio Carlos Bicalho Lana, que um ano depois seria preso e morto em outra operação idealizada também pelo doutor Ney, em parceria com o coronel Perdigão.

Doutor Ney participou, com seus parceiros Fleury e Perdigão, da Chacina da Lapa que, em 1976, eliminou líderes do Partido Comunista do Brasil (PCdoB). Ele era conhecido na comunidade de informações como "irmão do Fleury", tamanha a intimidade na relação pessoal entre os dois. Mas Cláudio Guerra revela neste livro que doutor Ney traiu o amigo e participou do planejamento de sua morte.

Em 1979, ele foi transferido para Brasília e promovido para o Centro de Informações do Exército.

No dia 23 de maio de 1986, doutor Ney foi encontrado morto em uma casa no Forte Itaipu, unidade do Exército na Baixada santista, com quatro tiros de revólver Taurus calibre 38, três deles disparados à queima-roupa.

O Inquérito Policial Militar número 17/86 classificou a morte como suicídio. Registros médicos da época informavam que doutor Ney sofria de depressão. Cláudio Guerra participou de algumas ações e encontros com ele. Seu relato:

> Não existe suicídio com quatro tiros. Dois ainda pode ser, no estertor você pode puxar o gatilho. Essa perícia foi encomendada. Um suicídio difícil esse.
> Conheci muito bem o doutor Ney. Ele não era muito operacional comigo, como o coronel Perdigão e o comandante Vieira. Mas tinha sempre contato com ele.
> Ele vinha de aviãozinho a Vitória, sempre de terno, para fotografar as armas que eu recolhia e negociava com o agente da CIA, Jone Romaguera Trotte. Forneci muita arma fria para ele. Era um homem educado e discreto, mas influente, ou pelo menos dava essa impressão. Não estava sempre presente nas minhas ações práticas. Era mais da cúpula, lá de cima.
> Esse também era carne e unha com Perdigão e Vieira; os dois não faziam nada sem ele. Sempre me pareceu que Perdigão e Vieira eram chefes operacionais. Já o doutor Ney parecia ser um elo entre o SNI, o DOI-Codi e as outras áreas de informação, em Brasília.
> Só o via na Procuradoria Federal. Usava um anel de maçom. Era mais analista e do comando de inteligência interna de Brasília.

Coronel-aviador Juarez de Deus Gomes da Silva

Cláudio Guerra afirma que ele foi diretor do jornal *O Dia*, por interferência dos militares. Não conseguimos confirmar essa afirmação.

Guerra assevera que o coronel-aviador Juarez foi um dos participantes do tribunal informal que decretou a morte do delegado Sérgio Paranhos Fleury numa mesa do restaurante Baby Beef, na capital paulista.

O coronel-aviador Juarez me ajudou muito.
Vou contar aqui uma coisa que pouca gente sabia. Uns três ou quatro dias depois de cada ação dura, cada morte, eu passava muito mal. Não era na hora que eu sentia a pressão, era depois.
Ele levou, algumas vezes, um médico da Aeronáutica para me atender, num apartamento em Copacabana.
Morei em dois apartamentos em Copacabana, um deles num edifício que tinha um açougue embaixo. Era na Nossa Senhora de Copacabana ou na Siqueira Campos. Esse médico me atendeu lá.
Cheguei a fazer, no Hospital da Marinha, um exame de medicina nuclear e um eletro de esforço com contraste na veia. Corria na esteira até a exaustão e depois ficava na cama sendo examinado.
Diagnosticou-se um distúrbio neurovegetativo, não era nada cardíaco.

O coronel-aviador Juarez foi o último oficial dos episódios contados por Cláudio Guerra a ter seu nome completo confirmado. No primeiro fim de semana de março último, revisando mais uma vez a lista dos oficiais que protestavam em manifesto contra a presidente Dilma, constatamos a inclusão de sua assinatura.
Novas pesquisas identificaram o coronel-aviador como homem forte do poderoso ministro da Justiça

da época, Armando Falcão. Despacho do ministro no *Diário Oficial* de 4 de abril de 1974 autoriza o coronel a se locomover para qualquer parte do território nacional, "no caso de assim o exigir o interesse do serviço". O coronel Juarez era, então, o diretor da Divisão de Segurança e Informações do Ministério da Justiça. Hoje ele é responsável pelo site www.ternuma.com.br.

O coronel-aviador Juarez era muito ligado ao coronel Perdigão. A maior parte do material explosivo da bomba que atingiu o *Estadão* foi ele quem me entregou. Ele levou parte do C-4 usado no dispositivo. Esse material me foi entregue no meu apartamento em Copacabana.

Na sauna, que ele frequentava também, aquela ao lado do Angu do Gomes, já havia me entregado o despertador que usei no dispositivo de tempo. Ele me disse que tinham comprado o relógio numa feira popular no centro do Rio, e essa feira existe até hoje, o Mercado Popular da Uruguaiana.

Procurador federal Geraldo Abreu

O procurador federal no Espírito Santo, Geraldo Abreu, era um advogado discretíssimo. Homem que não tinha o nome badalado na imprensa, era conhecido pela rotina de ir da procuradoria para casa e vice-versa.

Cláudio Guerra surpreende ao incluir o procurador nos serviços prestados à ditadura militar. Jamais alguém no Espírito Santo pensou em vê-lo envolvido em atividades de repressão. Talvez seja uma das surpresas do

Guerra, assim como é também uma surpresa o papel da Procuradoria Federal nessa época.

Algumas procuradorias federais nos estados fizeram parte da comunidade de informações. Os gabinetes das procuradorias davam suporte ao SNI quando a capital de um estado não tinha sede própria do órgão. Aconteceu assim no Espírito Santo.

Guerra afirma que o procurador Geraldo Abreu recebia as armas encaminhadas por um agente da CIA no mesmo escritório onde foi cooptado para a guerra suja e clandestina contra a esquerda. Nesse escritório, que era localizado na principal avenida do centro de Vitória, avenida Jerônimo Monteiro, Cláudio Guerra foi apresentado ao coronel Perdigão e ao comandante Vieira, iniciando uma relação de crimes políticos que durou perto de 15 anos. Geraldo Abreu era muito amigo do doutor Ney, um dos mais cruéis inimigos da esquerda.

Doutor Pablo

O coronel Paulo Manhães, codinome doutor Pablo, chefiou a agência do SNI do Rio de Janeiro, que tinha sede na Petrobras. Hierarquicamente, estava acima do coronel Perdigão, chefe do escritório do SNI, que funcionava no prédio do DNER na avenida Presidente Vargas. Não tinha muito relacionamento com Cláudio Guerra, que relata encontros apenas oficiais na sede da agência, um deles, porém, importante para um depoimento sobre a Operação Setembro Negro, relatada em um capítulo deste livro.

O depoimento é oficial e pode estar, segundo Guerra, nos arquivos do SNI. Vai ajudar a recuperar parte da história dos atentados de direita contra a redemocratização do Brasil.

Guerra confirma que o doutor Pablo era conhecido na comunidade de informações como responsável por um plano de extermínio do Partido Comunista Brasileiro em todo o país. Esse plano teria tido muito sucesso na Bahia.

Segue abaixo depoimento de Cláudio Guerra sobre sua relação com Perdigão e doutor Pablo que pode ajudar a esclarecer a situação de poder no SNI do Rio de Janeiro, tão importante para a destruição da esquerda armada e não armada no Brasil.

> Perdigão se reportava a Brasília. Ele era o chefe do escritório do SNI no Rio. Ele quebrava a hierarquia. Tinha um chefe, de codinome doutor Pablo, mas Perdigão não se reportava a ele; mandava relatórios, sim, mas se reportava direto a Brasília.
> Eu via o doutor Pablo uma vez ou outra, a minha relação era mais intensa com Perdigão. Fui uma vez oficialmente depor sobre aquela Operação Setembro Negro. Prestei conhecimentos ao doutor Pablo. Deve constar nos arquivos do SNI; foi um depoimento oficial de Cláudio Antonio Guerra.
> Tinha coisas que Perdigão sabia mais do que doutor Pablo. Ele estava acima do Perdigão na hierarquia, mas não no relacionamento com a área toda.
> Doutor Pablo, comentava-se entre nós, tinha um plano pessoal para matar pessoas no país inteiro, acabar com o

Partidão, limpar mesmo, e isso chegou a acontecer. Ele rodou o país inteiro com esse plano de eliminar o PCB. Foi orientação dele, comando dele. Era para matar um monte de gente, acabar com o pessoal, principalmente os que voltaram do exterior. Era para limpar mesmo. Acho que nessa época ele ainda não era o chefe da agência do SNI no Rio de Janeiro.
Depois ele passou a chefiar o SNI em Salvador.

Doutor Pablo e doutor Ney participaram juntos, em 1971, do assassinato de cinco militantes da VPR – Vanguarda Popular Revolucionária – em Foz do Iguaçu.

O Grupo Tortura Nunca Mais tem depoimentos que apontam o doutor Pablo como o mais sádico dos torturadores. Num depoimento, Sérgio Ubiratan Manes, preso aos 19 anos em 1969, relata que o coronel Perdigão e o então capitão Paulo Manhães o torturaram na rua Barão de Mesquita, sendo que o doutor Pablo foi mais sádico que o seu companheiro.

Paulo Manhães era da cavalaria do Exército, tendo sido comissionado no DOI-Codi do Rio de Janeiro em 1969. Entre 1970 e 72 esteve no Centro de Informações do Exército no Rio Grande do Sul, saindo dali para combater a Guerrilha do Araguaia, na Brigada de Paraquedistas. Em 1974 foi transferido para o gabinete do ministro do Exército em Brasília, seguiu carreira e chegou a tenente-coronel em 1986. Foi reformado em 17 de abril de 2002.

Não conseguimos registrar a concessão de pensão no Tribunal de Contas da União. O que leva a crer que ele ainda está vivo.

A COMUNIDADE DE INFORMAÇÕES

O conjunto dos órgãos estatais responsável pela segurança interna do país e pelo combate à subversão ficou conhecido, no período da repressão militar, como comunidade de informações. O coração, a mente e o centro dessa comunidade era o SNI, criado e organizado pelo general Golbery do Couto e Silva.

Golbery era um intelectual que acabou tendo imenso poder nos dois governos militares em que foi chefe da poderosa Casa Civil.

O SNI, mais tarde, em alguns setores e regiões, fugiu ao controle do governo central. Oficiais do órgão fora da cadeia de comando passaram a praticar, supervisionar e comandar crimes, alguns bárbaros, inicialmente no combate à esquerda armada e depois resistindo à abertura democrática, defendida pelo presidente Geisel e por Golbery.

Articulador da abertura política, com o então ditador, Golbery viu parte importante da comunidade de informações se voltar contra ele. Derrotado em um dos episódios desse embate, pediu demissão e deixou para a posteridade uma famosa frase sobre o SNI: "Criei um monstro."

As Forças Armadas contavam com órgãos de informação dentro da sua estrutura formal: o Centro de Informações do Exército (CIE), com o famoso DOI-Codi; o Centro de Informações e Segurança da Aeronáutica (CISA) e o Centro de Informações da Marinha (Cenimar). Essa estrutura foi incrementada em 1967 com a criação do SNI.

Cada batalhão militar, em qualquer lugar do país, tinha sua S-2, segunda seção, com poderes especiais e recursos, gerando ciúmes internos entre os militares chamados de legalistas, que tinham medo de enfrentar a comunidade de informações.

As polícias – Federal, Civil e Militar – também tinham seus próprios órgãos de informação dentro da estrutura organizacional, mas não tão bem definidos como nas Forças Armadas.

A Delegacia de Roubos e Furtos e o DOPS, da Polícia Civil, tinham as melhores equipes para atuar no combate à esquerda, pelo conhecimento adquirido com investigação e espionagem de crimes comuns. Embora não estivessem hierarquicamente submetidos aos comandos militares, os dois organismos policiais acabaram sendo grandes fornecedores de quadros para auxílio aos militares na repressão. Institucionalmente, as polícias são força de reserva militar.

A Polícia Federal também desenvolveu sua própria estrutura de informação e inteligência e, claro, foi também grande fornecedora de quadros e recursos para o combate à esquerda.

O contingente da Polícia Militar já servia naturalmente ao Exército, posto que os comandantes das PMs, na época, eram coronéis do Exército.

Alguns escritórios das procuradorias federais nos estados faziam parte da comunidade de informações. Esses gabinetes davam suporte ao SNI quando a capital de um estado não tinha uma sede própria.

Braços da comunidade de informações, não oficiais, estenderam-se para além do aparelho do Estado, se infiltrando nas associações particulares, como a maçonaria, e na organização policial paralela Scuderie Le Cocq, cujos membros se denominavam "irmãozinhos".

A comunidade de informações, no acirramento da guerra contra a guerrilha urbana e rural, estendeu seus braços também à contravenção – o jogo do bicho. Usava desse artifício fora da legalidade, aceito pela sociedade civil, para obter informações, arrecadar fundos e transitar na clandestinidade.

Somada à estrutura e aos instrumentos que advinham do aparato estatal, essa comunidade de informações contava ainda com apoio financeiro de alguns grandes empresários brasileiros. Cláudio Guerra, em seus relatos, deu ideia de como tudo funcionava na prática, ao circular pelas instituições oficiais, e as não oficiais operações de apoio, nos 15 anos em que foi um eficiente agente secreto da repressão. Segue seu depoimento:

Vou contar aqui a minha vivência dentro da comunidade de informações, o que vi, vivi e onde transitei, o que poderá retratar o funcionamento de uma parte dela.

A meu ver, não havia uma força dominante na comunidade. Na verdade, existiam muitas redes de informação dentro dela, e os ciúmes e a disputa pelo poder dificultavam muitas vezes a comunicação entre essas redes.

Um exemplo foi minha infiltração na Brigada de Niterói. Outro exemplo: alguns delegados civis, como o Fleury, do DOPS de São Paulo, e eu, do DOPS do Espírito Santo, passamos a ter muitos poderes.

Vou explicar meu papel na comunidade de informações. Fui delegado da Delegacia de Roubos e Furtos, consequentemente tinha muita experiência em investigação. Era também um atirador de elite. Tais características fizeram o procurador geral federal[56] do Espírito Santo, Geraldo Abreu, me chamar para participar de uma reunião em seu gabinete em Vitória, no final de 1972. Ali conheci o coronel Perdigão e o comandante Vieira. Geraldo Abreu me credenciou na comunidade de informações. Foi ali que tudo começou.

Geraldo Abreu era um homem muito discreto. Ele dizia, entre nós, quando nos reuníamos: "Agora é minha hora de calçar o coturno." Na época, em todos os estados onde o SNI não tinha escritório, eram as procuradorias gerais que respondiam pela comunidade de informações.

Poucas pessoas se lembram do papel da Procuradoria Federal, que, no auge das operações, na guerra contra as organizações de esquerda, contra o comunismo, foi muito presente na minha história.

Eu passava, por exemplo, com todas as armas que transitavam pelas minhas mãos pela Procuradoria Federal. Lá, no meu escritório do DOPS, eu não podia ir com as armas.

O doutor Ney, parceiro do coronel Perdigão e do comandante Vieira, vinha de Brasília, de terno, de aviãozinho, fotografava essas armas e me pedia para guardar. Durante meses guardei todo o armamento que chegou para a Brigada de Niterói, entregues pelo Trotte.

---

[56] Até a Constituição de 1988, a representação judicial da União estava a cargo do Ministério Público da União. O seu representante era o procurador da República. Ver Anexos.

Passei a frequentar as reuniões semanais do grupo do Espírito Santo, no 38º Batalhão de Infantaria do Exército, em Vila Velha, do qual participava o grupo operacional da comunidade de informações desse estado. Falávamos sobre comportamentos suspeitos e monitoramento. Não discutíamos operações reservadas e violentas; a procuradoria, os civis, não participavam dessas discussões.

Era lá que se identificavam os subversivos que deveríamos combater, os casos locais somente. Também participavam dessas reuniões pessoas da área de informação da Vale, dos Correios e Telégrafos, da Universidade Federal, que davam apoio à repressão.

Mensalmente, eu e o secretário de Segurança do Espírito Santo íamos para o Rio de Janeiro participar das reuniões similares no 1º Batalhão da Polícia do Exército, na rua Barão de Mesquita. Esse local ficou conhecido mundialmente como importante centro de tortura e eliminação de combatentes esquerdistas.

Essas reuniões não eram operacionais, mas lá estavam presentes coronéis poderosos e discutíamos estratégias e ações a serem implantadas. Na Barão de Mesquita funcionava o DOI-Codi, aparelho de interrogatório e tortura, práticas que eu nunca apoiei.

Os comandos militares participavam dessas reuniões, cada um na sua área de atuação. E todos se reportavam a Brasília, ao SNI e aos comandantes militares.

Se no Espírito Santo eu era o conhecido delegado Cláudio Guerra, no Rio de Janeiro minha identidade era outra: eu assumia o codinome doutor Reinaldo e me transformava num obediente e eficaz agente do grupo operacional comandado pelo coronel Perdigão.

Eu trabalhava também no escritório do SNI, que ficava no prédio do DNER. Na época, o órgão usava imóveis oficiais. Eu tinha uma carteira do DGIE – Departamento Geral de Investigações Especiais da Secretaria de Segurança do Rio de Janeiro – que me legitimava a frequentar o local. Esse mesmo convívio era mantido por mim na agência do SNI, de onde Perdigão comandava, no prédio da Petrobras.

Muitas de nossas reuniões do dia a dia, porém, eram no restaurante Angu do Gomes,[57] próximo à Praça Mauá, onde todo o grupo de coronéis linha-dura se reunia para avaliar as ações. O coronel Perdigão montou de maneira hábil esse aparelho informal da comunidade de informações.

Associada informalmente ao Angu do Gomes, ao lado, na mesma região da Praça Mauá, estava uma famosa sauna, ou casa de massagens da época. Ali aconteciam as reuniões mais pesadas.

Paralelamente ao nosso grupo, funcionava ainda nesse período, no Rio de Janeiro, no prédio da Polícia Federal, a sede de uma outra rede de informações que também fazia parte da comunidade, comandada pelo delegado Cláudio Barrouin Mello.

Lá eu praticamente não ia. Barrouin não era movido por ideologia como eu, mas por dinheiro e ambição de poder. Queria agradar os militares para fazer carreira na Polícia Federal. Era ele quem desviava as investigações dos atentados que pudessem ser atribuídos aos militares.

---

[57] Ver capítulo sobre isso.

Em São Paulo, o líder da comunidade foi durante muito tempo o delegado Fleury, do DOPS, que também comandava o aparelho de tortura da rua Tutoia. Depois que Fleury morreu, a equipe dele passou a compor a minha. Eu fui eleito, pelos comandados dele, o novo líder.

A eficiência de Fleury para ajudar os militares a dizimar a esquerda era tanta que ele acabou ficando mais forte que todo aparato oficial da comunidade em São Paulo, em determinado momento. Ele tinha voo próprio, até que decretaram sua morte.

Em Minas Gerais, a sede da comunidade de informações que eu conheci, e com a qual convivi, foi a Delegacia de Roubos e Furtos. Lá, a nossa equipe era menor. Muitas vezes tínhamos que utilizar o pessoal da Scuderie Le Cocq para compor o grupo.

É como eu sempre digo: os militares não tinham experiência para combater a esquerda armada. Quem tinha éramos nós, que sabíamos investigar, fazer campana, tocaiar e matar. Nós, policiais civis. E, nas polícias civis, a Delegacia de Roubos e Furtos era a que tinha os melhores quadros. Ela e o DOPS.

Em nome da segurança do Estado brasileiro, os membros da comunidade de informações podiam tudo: perseguir, grampear, investigar, julgar, condenar, interrogar, torturar, matar, desaparecer com o corpo e alijar famílias do paradeiro de seus entes queridos. Não havia um código de ética, nem formal, nem informal, que direcionasse nossas condutas. Tudo era permitido.

Essa foi a comunidade de informações em que eu transitei, e fui um eficiente membro, um matador implacável que ajudou a ganhar uma guerra da qual o povo não tomava conhecimento por causa da censura aos meios de comunicação.

Ninguém nunca soube, nem mesmo minha família, o poder que tive nas mãos.

Não tenho orgulho disso.

A MORTE DE FLEURY

O delegado Fleury[58] tinha de morrer.

Foi uma decisão unânime da nossa comunidade, em São Paulo, numa votação feita em local público, o restaurante Baby Beef,[59] no horário do almoço, mais ou menos em março de 1979.

Eu e Fleury éramos os todo-poderosos agentes civis da repressão e, impunes, arrotávamos poder nos restaurantes paulistas, entre eles, por exemplo, o espanhol Don Curro.

Estávamos sentados à mesa eu, o coronel do 1º Exército doutor Ney, o coronel-aviador Juarez de Deus

---

[58] Sérgio Paranhos Fleury foi delegado do DOPS em S. Paulo e, por um longo período do regime militar, assumiu a face mais visível da repressão. Por esse motivo, ele passou a ter um poder exagerado, acima mesmo de lideranças militares da região. Liderou um grupo de torturadores e assassinos de presos políticos até cair em desgraça e ter decretada a sua morte, numa votação da qual Cláudio Guerra participou e conta neste capítulo. Ver Anexos.

[59] Não identificamos qual é o restaurante Baby Beef onde foi decretada a morte de Fleury. Pela impossibilidade de viajar com Cláudio Guerra, o máximo que podemos afirmar é que o existente na região dos Jardins é a nossa principal suspeita.

Gomes da Silva, o Ustra,[60] o coronel Perdigão, o comandante Vieira[61] e o delegado Calandra.

Ustra abriu a reunião. Ele estava numa cabeceira da mesa, não sei se por hierarquia militar, e Perdigão, na outra. De um lado, eu estava com o comandante Vieira e o delegado Aparecido Laertes Calandra,[62] que era muito ligado ao coronel Ustra. No outro lado da mesa, o doutor Ney e o coronel-aviador Juarez. Éramos sete. Quem decidia mesmo era o doutor Flávio (o coronel Perdigão), mas em reunião assim quem presidia era o Ustra.

Ficou a seu cargo a presidência do encontro no Baby Beef, quando foi decretada a morte de Fleury. O Ustra

---

[60] Brilhante Ustra: comandante do DOI-Codi do 2º Exército no período entre 1970 e 74 e o primeiro oficial brasileiro a ser declarado torturador em uma sentença judicial.

[61] Comandante Antônio Júlio Vieira: outro grande interlocutor e mentor de Cláudio Guerra. Teve envolvimento na morte do jornalista Alexandre von Baumgarten e no noticiário sobre ele. Morreu em 17 de março de 2006.

[62] Aparecido Laertes Calandra, codinome: capitão Ubirajara, é figura carimbada em todas as listas de grupos de direitos humanos e foi reconhecido por diversas vítimas como torturador. É delegado aposentado da Polícia Civil, serviu ao DOPS, ao DOI-Codi da rua Tutoia, participou da operação OBAN e foi transferido para a Polícia Federal em 1983, convocado pelo então delegado Romeu Tuma. Ele estava na ativa até pouco tempo atrás. Geraldo Alckmin, governador de São Paulo, em 2003 usou a Lei da Anistia para justificar a nomeação dele para o Departamento de Inteligência do Departamento Estadual de Investigações sobre Narcóticos da Polícia Civil do estado. As organizações de direitos humanos protestaram e ele foi transferido para o departamento de pessoal. Ver Anexos.

era parceiro do Perdigão e tinha ascendência sobre todos os outros militares com quem trabalhei.

Eu tinha me deslocado de Vitória até São Paulo para esse encontro, por ordem do Perdigão e do Vieira. Todo mundo ficava com medo quando uma reunião desse tipo era convocada. Mas ninguém morria antes que todos tivessem conhecimento. Muitas vezes precisávamos antes saber se era verdade, e, para saber isso, era preciso ter o julgamento, a avaliação. Falo das acusações contra Fleury. Se eu executasse alguém sem os outros saberem, sem que todos aprovassem, estaria desobedecendo a regra. E morreria também. Quem pertencesse à nossa comunidade podia até estar traindo, mas era necessário uma avaliação justa, antes de sua morte ser decretada.

Não era uma decisão fácil, Fleury era nosso companheiro. Sabíamos também que quem votasse contra a morte dele morreria junto com ele. Era uma reunião de cartas marcadas. Assim, quando o assunto foi colocado em pauta, não havia mais retorno. Quem discordasse seria condenado também. Era assim que funcionava.

Eu e o delegado Fleury tínhamos muito em comum. Ele era o chefe do DOPS em São Paulo e eu, no Espírito Santo. Fomos provavelmente os dois delegados dessa época que mais matamos, tanto bandidos comuns quanto comunistas. Nossas carreiras eram muito semelhantes. Ele vinha da experiência de chefiar a Delegacia de Furtos e Roubos, assim como eu. Éramos ótimos investigadores e tínhamos equipes de elite.

A diferença entre nós dois era que ele não respeitava a autoridade dos coronéis, era vaidoso e tinha uma ambição exagerada; não aceitava comando, fazia tudo por conta própria e usava o poder para obter vantagens pessoais, dinheiro, fama. E mexia com drogas. Já eu era discreto, sabia de minha posição subalterna aos militares, cumpria ordens, obedecia, nunca ultrapassava os limites da hierarquia.

Fleury havia se tornado um perigo.

Quando foi preso, muito antes, ele peitou todo mundo e disse: "Olha, se eu cair, cai todo mundo. Vou falar de todos e de tudo que aconteceu." Depois dessas ameaças, os militares arrumaram uma lei do dia para a noite. Ela foi criada para beneficiar o criminoso, e está em vigor até hoje.[63]

No final dos anos 1970, Fleury tinha se tornado um homem rico, desviando dinheiro dos empresários que pagavam para sustentar as ações clandestinas do regime militar. Não obedecia mais a ninguém, agindo por conta própria. E exorbitava. Sua situação começou a ficar enrolada, e os militares linha-dura lhe tiraram o apoio. Ele perdeu, perdeu...

Assim que soubemos o motivo da reunião, passamos a discutir como Fleury morreria. Eu iniciei essa fase do almoço sugerindo a simulação de um acidente. Puxei o assunto porque sabia de outros casos "acidentais", e suspeitava – havia rumores no nosso mundo clandestino – de que isso havia ocorrido no caso Zuzu Angel.[64]

---

[63] A Lei 5941/73, que ficou conhecida como Lei Fleury, foi especialmente encomendada para garantir a sua liberdade. Até os dias de hoje, a lei leva o nome do famoso delegado paulista.
[64] Zuzu Angel foi uma das maiores estilistas brasileiras dos anos 1960 e 70. Seu filho, Stuart Angel, militante do MR-8, orga-

O acidente da Zuzu tem que ser mais bem investigado. É preciso recuperar e examinar as fotos da imprensa e da perícia na época. As fotos no túnel podem revelar a presença de agentes e oficiais militares superiores que participavam do submundo de nossa guerra.

Gostaria de examinar essa perícia, o inquérito, ver as assinaturas dos laudos. Estou convencido de que esse acidente foi forjado para eliminar uma das inimigas do regime militar.

Corriam na época muitas histórias sobre isso entre nós. Um tenente de nome Rogério me disse uma vez que o doutor Flávio estava preocupado por ter sido, sem querer, fotografado no local. Ele e várias autoridades foram ver o acidente, para fazer aquela manipulação dos fatos... e ele tinha sido pego na fotografia acidentalmente.

É importante saber o nome do presidente do inquérito e de quem fez a ocorrência policial. Posso esclarecer se a pessoa teve envolvimento direto com o SNI, se estava na folha de pagamento.

O acidente, insisto, deve ter sido forjado pelos militares. Gostaria de examinar o material de imprensa da época – fotos e notícias – para ajudar a esclarecer de vez esse polêmico episódio. Estou certo de que nas fotos e

---

nização radical de esquerda, foi preso, barbaramente torturado e assassinado pela repressão em 1971. A estilista começou uma peregrinação para encontrá-lo e enterrá-lo dignamente. Zuzu morreu na madrugada de 14 de abril de 1976, em acidente de carro só reconhecido como intencional em 1998.

no inquérito podem aparecer elementos que liguem a comunidade de informações ao acidente.

O comentário entre nós é que foi assassinato; Perdigão mesmo comentou comigo. Ouvi isso também no DGIE, do delegado Newton Costa.[65] Era um delegado linha-dura, mas não participou de crimes políticos; ele queria investigar o acidente, porém foi impedido pelos militares.

Pensando nessa morte, puxei a conversa, sugerindo um acidente. A sugestão foi rapidamente aceita. Avaliamos que um atentado não iria colar; Fleury era muito protegido, tinha segurança e ninguém ia acreditar.

Discutimos tudo isso no restaurante. Sugeri um acidente de carro; até combinamos onde jogá-lo depois, um precipício na saída de São Paulo para Belo Horizonte.

Não ia ser difícil. O Fleury costumava frequentar casas de tolerância em São Paulo, gostava particularmente de uma chamada Viva Maria.[66] Bebia muito por lá. Nessa época o hábito de cheirar cocaína também já fazia parte de sua vida. Cansei de ver! Ele pegava aquela carteira de colocar o documento do carro, fazia uma carreira ali mesmo e cafungava.

Também palpitei que seria necessário colocar gente ligada a Fleury na simulação do acidente. Só assim conseguiríamos chegar perto dele para matá-lo.

---

[65] O delegado Newton Costa era conhecido por dirigir com mão de ferro o Departamento Geral de Investigações Especiais (DGIE), do Rio de Janeiro.
[66] Viva Maria: casa noturna paulista, na rua Santa Isabel, 261, próxima a uma banca de revistas da Amaral Gurgel, famosa por receber artistas da MPB.

Fui então escalado pelo coronel Perdigão e pelo comandante Vieira para comandar execução. Chegamos a ficar vários dias em campana em frente à Viva Maria, esperando algum momento de descuido por parte dele, mas não aconteceu. Fleury sempre andava com muita gente.

Dias depois, os planos mudaram porque Fleury comprou uma lancha. Informaram-me que a minha ideia do acidente seria mantida, mas agora envolvendo essa sua nova aquisição – um "acidente" com o barco facilitaria muito o planejamento.

Disseram-me também que outra equipe faria o trabalho. Iriam usar o pessoal das Forças Armadas, da Marinha, do Cenimar, pois a execução se daria na lancha. A tropa do Cenimar e a do SNI atuariam juntas na operação, mas me pediram que ficasse disponível para qualquer imprevisto.

Então aconteceu o acidente. Logo depois da morte de Fleury, fui ao local e conversei com as pessoas de lá. Como previsto, não participei da operação, nem da sua preparação, muito menos da execução. Os executores eram de São Paulo e havia oficiais do Exército na área, dando cobertura.

Fleury estava na praia, na região de Ilhabela, para passar um feriado prolongado. Depois de ser dopado, deu-se início à operação de descarte de mais um colaborador. Não sei qual substância usaram para dopá-lo, mas sei que foi colocada na bebida – dizem que um empresário lhe serviu a bebida com a droga.[67] Depois

---

[67] A revista *Veja*, na época, informou que Fleury bebeu em uma lancha de nome "Cabo de São Tomé", cujo dono foi identificado

Fleury ainda levou, de um homem de sua confiança, uma pedrada na parte de trás da cabeça.

Toda a polícia de investigação foi até lá. Montou-se um teatro em que seus companheiros marcaram presença; tudo isso para justificar como acidental a morte do delegado. Os homens de confiança dele também participaram: Fininho,[68] Joe, Mineiro.

Quem me passou essa versão foi Jacaré, que tinha Fleury como um frequentador assíduo da sua casa. Fininho virou um farrapo humano, afinal, ele fazia parte da equipe de confiança do delegado. Fininho participou também de uma tentativa de execução do padre Geraldo Manzerol, que deu muita repercussão alguns anos atrás.

Os indícios do envenenamento estão numa perícia feita, mas que não foi divulgada. Ficou de posse do Expedito,[69] delegado que substituiu Fleury no comando formal do DEIC. Digo no comando formal porque, nas ações clandestinas, fui eu quem o substituiu; os homens de Fleury passaram a ser liderados por mim.

---

como Luciano Schwartz. Esse nome voltou a aparecer na *Época* de abril de 2011. A reportagem ouviu a esposa de Fleury, segundo a qual ela e seu marido tomaram uma taça de champanhe a convite de Schwartz, momentos antes do tal acidente. O empresário não foi identificado pela polícia que fez a perícia, que o tratou no inquérito como "Luciano" ou "Lúcia Schwartz". Veja nota completa nos Anexos.

[68] Segundo o livro *A ditadura escancarada*, de Elio Gaspari, Fininho (Adhemar Augusto de Oliveira, também conhecido por Antônio Augusto de Oliveira) levava como amuleto, num chaveiro, a língua de Carioca, um alcaguete dos militares a quem teria matado.

[69] Expedito Marques Pereira, delegado de polícia aposentado.

Já era noite escura quando, dopado, grogue, Fleury levou uma pedrada na parte de trás da cabeça[70] e caiu na água. Não escorregou, como ainda contam hoje.

A autópsia[71] não foi realizada. O motivo era mascarar a verdadeira razão daquela morte; afinal, não havia água na pleura, o que é característico de afogamento. O inquérito para investigar a morte foi aberto bem antes dela acontecer.[72]

Quem passou as informações, a versão oficial sobre o "acidente", para a imprensa foi o delegado Expedito, uma determinação dos coronéis que faziam a cobertura do ocorrido. O delegado Expedito assumiu a equipe de investigações de Sérgio Fleury após a sua morte por decisão da comunidade de informações, mas o líder da sua experiente equipe era eu. Tanto que

---

[70] O exame necroscópico do inquérito registra "equimose de aproximadamente 12 centímetros de comprimento por dois de largura, disposta horizontalmente na face lateral direita do pescoço, logo acima da fossa supraclavicular; uma lesão escoriada linear, de 30 milímetros de extensão, disposta horizontalmente, na face lateral direita do pescoço, sobre a equimose citada no item anterior; duas lesões escoriadas lineares, medindo respectivamente 10 a 15 milímetros, dispostas verticalmente, na face lateral direita do pescoço" (fls 12, do inquérito policial 460/79 da delegacia de Ilhabela. Retirado de textos da imprensa).

[71] "Recebi ordens superiores para não autopsiar o corpo de Fleury", revela o médico-legista Harry Shibata à revista *Época* de abril de 2011.

[72] A portaria inicial do inquérito policial data de 2 de abril de 1979, um mês antes do falecimento de Fleury. Segundo Hugo Nigro Mazzili, promotor público que pediu o arquivamento do inquérito policial, o erro das datas é um "evidente equívoco".

Mineiro[73] me trouxe a insígnia de delegado do Fleury, que está comigo até hoje. Achei muito simbólico. Aliás, continuo achando.

A PARANOIA PÓS-FLEURY

Depois que Fleury morreu, traído por seus subordinados e pela irmandade, passamos a conviver com o medo. Quem seria o próximo?

Essa preocupação passou a ser comum entre nós, a dúvida se fez presente entre os civis que trabalhavam nas operações clandestinas comandadas pelo SNI. Passamos a conviver com a paranoia pós-Fleury.

O medo se justificava. A morte do delegado representou uma queima de arquivo, a primeira de uma série. Um monte de gente morreu. Soubemos de "acidentes" que serviam para mascarar os assassinatos do nosso pessoal.

Houve uma equipe de policiais militares do Rio que foi totalmente eliminada; um dos seus participantes se chamava Zé do Ganho, e era de São Gonçalo.

Dessas operações eu não participei.

As equipes passaram a conviver com uma paranoia coletiva, cujo pensamento recorrente era: "Se tiveram a ousadia de matar Fleury, que era tão poderoso, por que não eu"?

Um dos episódios que podem ilustrar essa paranoia foi a minha ida com uma equipe de policiais para o Rio.

---

[73] Mineiro: policial da equipe do delegado Fleury. Seu nome: José Raimundo Nonato. Estaria ainda em atividade como perito.

Perto de Silva Jardim, um deles pediu que parássemos na estrada para ele mijar. Enquanto isso, outro elemento da equipe lhe falou: "Doutor..." Foi o que bastou para o cara pular num mangue próximo e não mais sair, de jeito nenhum. Paranoia geral! O nome dele é França. Trabalhava comigo no GOE, Grupo de Operações Especiais.

O Pejota também foi morto, eu sei quem foi, mas os policiais atribuíram a morte dele a mim. Pensam que fui eu que o "queimei". Mas foi o Caranguejo, um policial militar do Espírito Santo.

Fininho traiu Fleury e enlouqueceu. Mineiro também ficou afetado. Uma vez combinamos viajar para uma praia, eu, Fininho, Mineiro, Joe e Jacaré, todos policiais civis da área de informações.

Estávamos na região do Guarujá, na praia. Saímos de barco e, a certa altura, já em alto-mar, Mineiro simplesmente pulou do barco! Achou que eu o estava levando para uma emboscada.

O medo era tamanho que o policial, no caso o Mineiro, estava na rua, passava um carro, ele empunhava a arma. Era um cagaço danado. Mas, apesar de tudo, este continua vivo, embora tenha se tornado um farrapo humano.

Por que não me eliminaram? Porque os militares confiavam em mim. Eu fui preso e não abri. Até hoje os militares para quem eu trabalhei, se ainda estivessem vivos, não acreditariam que eu estou abrindo. Eles confiavam em mim.

Já Fininho ficou viciado em cocaína. Hoje, deve ter perto de 75 anos. Ele e José Raimundo se acabaram.

Finalizando esse período turbulento, votações sobre eliminação de algumas pessoas estavam em curso. Aí se deu a escolha de Mariel Mariscot. O clima estava ruim, a paranoia instalada. Inicia-se o governo civil.

VI

UMA MONOGRAFIA SOBRE A ESTRUTURA DA REPRESSÃO

Em 1977, o então major de cavalaria Freddie Perdigão Pereira escreveu uma monografia para a Escola de Comando e Estado-Maior do Exército sobre o DOI – o temido destacamento que prendeu, torturou, matou e desapareceu com inúmeros opositores da ditadura militar. O DOI usou Cláudio Guerra – um agente civil – para matar e dar sumiço aos corpos de vários opositores. Assim como, certamente, usou outros agentes e expedientes, alguns desconhecidos até hoje, com finalidades semelhantes.

A Casa da Morte de Petrópolis, por exemplo, foi um aparelho ilegal, paralelo, do DOI, que por sua vez era uma instituição oficial criada a partir do AI-5. Perdigão explica, de maneira acadêmica, na monografia "O Destacamento de Operações de Informações (DOI) no EB – Histórico papel no combate à subversão: situação atual e perspectivas", como foi construída toda a estrutura de organismos oficiais da repressão. E no final se rejubila dos resultados obtidos, com dados estatísticos sobre o desempenho da superestrutura criada a partir do Ato Institucional nº 5.

Esse documento foi solicitado ao Exército pelo Superior Tribunal Militar e depois incorporado aos autos do Inquérito Policial Militar sobre o Riocentro, que hoje repousa nos arquivos da Corte em Brasília. O inquérito no STM foi instaurado em 1999, e pela primeira vez foi reconhecida a participação do coronel Perdigão no episódio Riocentro.

O registro nos autos curiosamente exclui a sigla ou abreviatura EB, do título original, escrita de próprio punho pelo autor. Somente em 2009 essa monografia foi disponibilizada – depois de várias tentativas de pesquisadores – pelo Ministério Público, mas não encontramos registros dela na imprensa.

A monografia é simples e até tosca, embora compatível com os recursos da época, mas o importante é que ela dá uma visão do aparato institucional montado a partir do AI-5, em 1968. Em 1977 fala-se em abertura política, mas o texto comedido e técnico da monografia oficial trabalhava a tese da importância que teve o guarda-chuva institucional, montado para proteger a prática de crimes políticos bárbaros, alguns já relatados nos capítulos anteriores, e outros que serão relatados nos capítulos seguintes.

Perdigão foi bem didático na monografia, historiando a montagem desse aparelhamento desde 1964. Diz ele, em resumo, nos "Antecedentes que Levaram à Institucionalização dos Codi e dos DOI":

1 – Após a Revolução de março de 1964, os comunistas, no país, foram tomados de profundo marasmo. Ficaram verdadeiramente atônitos, sem entender bem o que havia acontecido.

2 – Nos anos de 1967 e 1968, as esquerdas foram fortemente motivadas (...).
3 – Um novo quadro de agitação surgiu em substituição ao anterior. Em lugar de três organizações clandestinas, AP, PCB e PCdoB (...), vimos nascer outras que passaram a agir em ações de cunho terrorista, em autênticas operações de guerra revolucionária (...).
6 – Em 1968, realizou-se na pequena cidade de Ibiúna, no interior de São Paulo, o XXX Congresso da União Nacional dos Estudantes. (...) Todos os participantes do XXX Congresso foram presos e processados. (...) Muitos elementos, com receio de serem posteriormente condenados e outros a se verem fichados pelos órgãos de segurança, passam à clandestinidade e a integrar os quadros das organizações terroristas. Era justamente isso o que desejavam os líderes dessas organizações. (...)
9 – A situação em dezembro de 1968 tornara-se insustentável, com a subversão ganhando terreno, dia a dia. Com a decretação do AI-5 e de vários decretos-leis, bem como com as alterações introduzidas na Lei de Segurança Nacional, surgiram novas perspectivas quanto ao aspecto legal e jurídico para o combate à subversão e ao terrorismo.

No capítulo seguinte, o então major Perdigão aponta o desdobramento inicial mais importante para a montagem do sistema operacional de repressão clandestina adotado pelos militares. Foi em julho de 1969, quando o ditador marechal Arthur da Costa e Silva implantou a chamada Diretriz para a Política de Segurança Interna. O documento estabeleceu, entre outras coisas, que caberia aos comandantes militares de área do Exército a responsabilidade pelo planejamento e execução das medidas para conter a subversão e o terrorismo.

Quando escreveu isso, em 1977, o coronel Perdigão, seus aliados e comandados já davam mostras de uma perigosa independência, e estavam claramente atuando fora da lei e fora da cadeia de comando militar. Estava claro, inclusive, que afrontavam algumas lideranças militares mais favoráveis a uma descontração política. A esquerda radical, armada, já estava também praticamente aniquilada. Segue abaixo o link para a monografia: http://www.prr3.mpf.gov.br/component/option,com_remository/Itemid,68/func,startdown/id,1840/

Perdigão, então, já havia se firmado como o mais eficiente elo entre o mundo militar oficial e a repressão clandestina e criminosa. Sua influência crescera entre os comandantes militares que ou estimulavam, ou faziam vista grossa à continuidade da situação, dependendo do grau de radicalismo de direita de cada um, ou do seu interesse político e pessoal na hierarquia do regime.

Além de ser um dos mais operacionais, produtivos e ferozes agentes da repressão clandestina, ele tinha assumido, há tempos, o papel de formulador, planejador e organizador ideológico do aparelho de repressão. Participava da construção e desenvolvimento de teses que justificavam os crimes políticos. Documentos desse tipo circulavam nos quartéis para defender o permanente endurecimento do regime.

Sua monografia detalha de maneira cronológica o esquema estratégico e operacional montado para enfrentar principalmente a guerrilha urbana, o que lhe deu poder, prestígio e instrumentos para a prática de ilegalidades. Era preciso conter o terrorismo esquerdista no Brasil, mesmo que para isso fossem necessárias ações mais extremas.

Perdigão constrói organogramas, gráficos e chega ao temido DOI-Codi, a última fronteira institucional, com sede, orçamento, hierarquia e pessoal. A partir daí eram a improvisação e a guerra suja, a Casa da Morte, os cemitérios clandestinos, as execuções, a usina Cambahyba, o Angu do Gomes e os financiamentos ilegais.

Ao Codi cabia o controle e a condução das medidas de defesa interna; sua finalidade era a de garantir a necessária coordenação do planejamento e da execução, nos diversos escalões de comando. O Codi deveria possibilitar a conjugação de esforços do Exército, da Marinha, da Aeronáutica, do SNI, do DPF e das secretarias de Segurança Pública.

O DOI – descreve Perdigão – era o órgão operacional do Codi, destinado ao combate direto às organizações subversivo-terroristas. *Tem por missão desmontar toda a estrutura de pessoal e de material dessas organizações, bem como impedir a sua reorganização.*

(...) Em alguns estados o DOI conta com o apoio da Polícia Militar e da Polícia Civil, o que permite economizar os meios do Exército. Os elementos daquelas duas polícias estaduais que integram o DOI, após rigorosa

seleção, passam à disposição do comando do Exército da área, que os encaminha ao DOI.

A monografia vai explicando o aparelho de repressão institucional que sustenta e viabiliza ações políticas clandestinas praticadas por agentes, como as relatadas por Cláudio Guerra neste livro. Explica também a sustentação jurídica que levou às ações de tortura e morte, nos dois lados da última fronteira daquela legalidade imposta ao país – o DOI.

O coronel reformado do Exército Carlos Alberto Brilhante Ustra, um dos mais citados torturadores da época, comandou o Destacamento de Operações de Informações (DOI-Codi) de São Paulo entre 1970 e 1974.

Perdigão ilustra sua monografia com organogramas desenhados toscamente por ele mesmo[74] e fala sobre os cuidados de segurança que o pessoal do temido DOI deve ter: *Várias organizações terroristas selecionaram os componentes do DOI como os elementos prioritários para serem atingidos pelo terrorismo seletivo. (...)*

(...) Como norma de segurança, para o trabalho diário é obrigado o uso de traje civil (esporte ou social) de acordo com a missão a desempenhar. (...) O uso de codinome é obrigatório. O cabelo deve ter o tamanho normalmente usado pela maioria da população, sendo proibido usar o corte tipo militar.

Estava montado o aparato legal do governo militar para o combate aos comunistas. Na monografia já apareciam, também, alguns indícios da prática de ilegalidades.

---

[74] Ver anexo sobre a monografia.

Perdigão revela, ainda, que as reuniões dos elementos que integravam o quadro do Codi eram periódicas, e nelas eram tratados todos os assuntos relativos à segurança interna: *Os problemas existentes são abordados e cada membro, de acordo com a situação, recebe a missão de resolvê-los. É feita uma coordenação geral, evitando-se, assim, interferências no trabalho de cada um.*

De acordo com o documento, todas as informações sobre atividades subversivas deveriam ser difundidas o mais rápido possível para a Central das Informações (CI). Outra prática revelada é a comunicação entre comandantes do DOI quando se tratava de perseguir subversivos que cobriam pontos em várias partes do país: *Quando o assunto é urgentíssimo, normalmente a ligação é feita entre os dois comandantes do DOI, que, na primeira oportunidade, comunicam o fato aos seus E2 (chefes da Central das Informações do Exército).*

No final, o então major Perdigão mostra que o aparato teve sucesso pleno e divulga uma planilha de resultados do DOI em São Paulo, resultados que devem ser debitados ao comando efetivo do delegado Fleury e do coronel Ustra.

De acordo com a tabela de resultados alcançados, desde a sua fundação até maio de 1977, o DOI-Codi do 2º Exército prendeu 2.541 pessoas. Encaminhou para o Departamento de Ordem Política e Social (DOPS), onde Fleury atuou como delegado, 1.001 cidadãos, e 201 foram mandados para outros órgãos de repressão.

Cinquenta e quatro presos políticos foram mortos durante o período detalhado na planilha de Perdigão. Consta ainda no documento os valores apreendidos com os suspeitos e subversivos: Cr$915.325,60 e US$ 78.585,00.

Freddie Perdigão permaneceu no SNI como coronel da reserva até 1987. Morreu dez anos depois, em 1997, de uma simples cirurgia de apêndice.

Angu do Gomes – o restaurante da conspiração

A zona portuária no Centro do Rio de Janeiro serviu de palco para muitas atividades do grupo clandestino liderado pelo coronel Freddie Perdigão e pelo comandante Vieira. Na área da tradicional Praça Mauá,[75] no Largo da Prainha, em meio a casas de câmbio, boates e bares, funcionava um restaurante frequentado por famosos da época: o Angu do Gomes. Segue relato de Guerra:

O restaurante, inaugurado em 1977 pelo português Basílio Pinto Moreira e por João Gomes, era associado a uma sauna e foi fachada para as nossas atividades, misturando agentes da comunidade de informações, a Irmandade Santa Cruz dos Militares, a Scuderie Le Cocq, o jogo do bicho, artistas, coronéis e prostitutas. Essa relação mascarou vários crimes e ações violentas contra a redemocratização do Brasil.

O Angu do Gomes fazia parte de um complicado esquema que arrecadava fundos para as nossas atividades. Ali aconteceram vários encontros da nossa irmandade,

---

[75] Em volta do restaurante funcionavam as sedes da Polícia Federal, do Cenimar, do SNI, os bunkers do jogo de bicho, toda a matéria-prima necessária para a repressão clandestina.

manipulados habilmente pelo coronel Freddie Perdigão. Ali conspiramos contra Geisel, Golbery e Figueiredo. No restaurante foram planejados assassinatos comuns e com motivações políticas, e discutidos os vários atentados a bomba que tinham como objetivo incriminar a esquerda e dificultar, ou impedir, a redemocratização do país.

Não era o tempero[76] do Angu do Gomes o que mais agradava ao paladar dos coronéis linha-dura. Perdigão gostava do lugar por outros motivos, e o SNI – que ele comandava – garantia e protegia o nosso trabalho.

Eram dois tipos de encontro: os do restaurante e os da sauna. No primeiro, mais formais, participavam, além de Perdigão e Vieira, comandantes dos batalhões do 1º e do 2º Exércitos e coronéis de todo Brasil. Eles eram muito importantes naquela época porque tinham as tropas nas mãos. Era fundamental manter os canais abertos com eles, bajulá-los.

Almoços no Angu do Gomes eram especialmente convocados para discutir política, fazer proselitismo, cooptar novos adeptos, e o tom da conversa, nesses encontros, era sempre cordial, em especial quando artistas e simpatizantes do regime estavam na mesa. E apareciam muitos deles por lá.

O ator e comediante Lúcio Mauro[77] era um deles. Ele participava dos encontros, cozinhava muito bem e

---

[76] O angu é uma iguaria de origem africana e um prato substancioso.
[77] Lúcio Mauro, nome artístico de Lúcio de Barros Barbalho. Ator conhecido da televisão brasileira.

costumava fazer pato no tucupi, prato típico de sua terra natal, Belém do Pará. Era amigo nosso, de todos nós.

Outro que frequentava muito o Angu do Gomes era Jece Valadão,[78] que se tornou evangélico no final da vida. Ele saía em operações com a gente, gostava de ir, de ver. Nunca em ações políticas, não deixaríamos também, mas, em missões contra bandidos comuns feitas pela Scuderie Le Cocq. Gostava de ver a execução de bandidos e Mariel Mariscot o levava.

Carlos Imperial[79] era outro que frequentava muito o local. Baumgarten também. Este era muito amigo do Augusto Pinto Moreira,[80] um personagem muito importante da repressão clandestina no Rio de Janeiro, como vocês vão perceber, já vamos chegar lá. Augusto era o irmão mais novo de Basílio.

Ciro Batelli,[81] artista que hoje faz programa de coisas

---

[78] Jece Valadão (1930-2006), ator e diretor de cinema. Construiu uma imagem de "durão" na carreira. Produziu e interpretou o papel de Mariel Mariscot no filme *Eu matei Lúcio Flávio*.

[79] Carlos Imperial (1935-1992): Ator, trabalhou também em rádio, compôs música popular e produziu discos.

[80] Augusto Pinto Moreira foi da escolta pessoal, polícia especial e do esquadrão motorizado, em Brasília, e posteriormente incorporado à Polícia Federal. Abaixo, despacho sobre a naturalização de Augusto encontrado no *Diário Oficial* do dia 19 de março de 1956: "Despachos do Diretor-Geral no 10.594-55 – Augusto Pinto Moreira, residente no Distrito Federal, solicitando naturalização. Junte novos atestados de pessoas físicas com a qualificação completa".

[81] O empresário Ciro Batelli vive na ponte aérea Las Vegas-São Paulo. Foi vice-presidente da rede de hotéis-cassino Caesar Palace, onde organizou caravanas de jogadores brasileiros para as

exóticas no "Domingão do Faustão", era de direita e participava das reuniões do Angu do Gomes e da sauna. Ele fazia lobby para legalizar os cassinos.

No regime militar havia muito cassino clandestino. Batelli, ligado aos bicheiros Castor de Andrade[82], do Rio, e Ivo Noal,[83] de São Paulo, sempre estava por trás deles. Ele sabia das reuniões informais e da arrecadação de fundos no Angu do Gomes, mas não sabia, sequer participava, de operações secretas.

A função de um dos sócios do Angu do Gomes, o Basílio, ia além de preparar os pratos. Ele era de extrema-direita, foi trazido ao nosso grupo pelo irmão, Augusto, nos dava guarida, mas parava por aí. Já o Augusto, este sim, participava ativamente das nossas missões.

Os dois portugueses tinham cidadania brasileira. Augusto era ex-policial federal, mas acabou virando um homem rico no Rio de Janeiro; antes havia participado da construção de Brasília. Ele tinha história.

---

mesas americanas. Hoje, apresenta no "Domingão do Faustão" o quadro "Giro Domingão", em que mostra roteiros exóticos mundo afora. É ex-presidente de honra do Comitê Pró-legalização dos Cassinos no Brasil.

[82] Castor de Andrade (1926-1997) foi um dos mais poderosos bicheiros do Brasil. Transitava com desembaraço e prestígio pelo poder. No governo militar, diversos generais lhe dedicaram atenção especial. Era amigo de João Havelange, então presidente da Fifa, e do poderoso Boni, superintendente-geral da TV Globo, amizade que se estreitou em torno da criação da Liga das Escolas de Samba do Rio de Janeiro. Morreu em 11 de março de 1997.

[83] Ivo Noal está no comando do jogo de bicho em São Paulo há anos. Já foi preso várias vezes. Sua suposta fortuna em 2005 estava avaliada em 2,8 bilhões de reais. Ver Anexos.

Augusto Moreira era ligado aos artistas, arrecadava fundos em campanhas, mobilizava atores, recolhia dinheiro para ajudar a Casa dos Artistas, mas também o desviava para atividades ilegais, como o financiamento de despesas ligadas à Scuderie Le Cocq, e irrigava ainda as finanças da nossa guerra contra a esquerda.

Ele centralizava a arrecadação neste setor: Rio de Janeiro, artistas, jogo, empresários. Era ele quem controlava o dinheiro em torno do Angu do Gomes. Essa era apenas uma das operações de arrecadação de fundos. Tudo sob a orientação do coronel Perdigão.

Augusto foi muito poderoso. Ele criou as primeiras cooperativas de jornalistas para a construção de casas. Naquela época, o carro da moda era o Opala. Pois ele dava Opala tinindo de novo para delegados. Lembro-me de um carro dado a um deles, o Mandin.[84]

Ele era da Scuderie Le Cocq, irmãozinho, como falávamos na época. Era muito ativo. O SNI usava o Augusto e o Mandin, assim como outras pessoas ligadas ao submundo. O Angu do Gomes misturava tudo isto, habilmente manipulado pelo coronel Perdigão e pelo comandante Vieira.

Os encontros na casa de massagem ao lado eram bem diferentes. A sauna era uma espécie de filial do restaurante, um estabelecimento comercial montado para justificar a movimentação dos recursos arrecadados para as nossas operações clandestinas.

---

[84] Carlos Mandin de Oliveira, delegado da Polícia Federal, conhecido por ter presidido o inquérito sobre a máfia da loteria, denunciado pela revista *Placar Magazine* em 1982.

O negócio era bem organizado, havia garotas de programa, tinha striptease, e passou a ser frequentada também por artistas, policiais, militares e figurões da época. Lembro-me direitinho: a gente descia do sobrado do Angu do Gomes, virava à esquerda e entrava na sauna.

Ali, na penumbra e no meio das garotas, os coronéis discutiram, tramaram e organizaram algumas das operações mais violentas e importantes desse grupo secreto.

Eu era sócio da sauna; podem buscar os registros. Augusto Pinto Moreira, seu irmão Basílio e Jussara Calmon eram os outros sócios do lugar. Jussara era mulher de Augusto, na época. Atriz de pornochanchadas, acabou fazendo mais tarde algumas pontas em novelas da TV Globo. Perturbávamos Augusto por causa dos filmes de sua mulher e ele ficava irritado, a ponto de sua pressão arterial subir. Um dia, numa tarde de brincadeiras na sauna, ele puxou a arma e deu um tiro no meio das pernas do Mineiro. Augusto defendia o trabalho de sua mulher, dizia que era artístico.

Jussara alugava em seu nome lugares clandestinos, o que facilitava as minhas missões. Ficava tudo em nome dela, como, por exemplo, dois apartamentos em que morei em Copacabana.

Entrei como sócio na sauna a pedido de Perdigão. Ele me orientou a fazer isso para justificar meus rendimentos muito altos, por causa das operações clandestinas.

Todos ali eram simpatizantes do regime militar e ajudavam de alguma maneira. Os artistas, na arrecadação de fundos e na propaganda do regime. Sargentelli[85]

---

[85] Oswaldo Sargentelli foi radialista, apresentador de televisão e em-

e Boni[86] frequentavam o Angu e a sauna. Boni, nessa época, tinha uma garota ligada ao Augusto, muito bonita, mas não lembro o nome dela. Eles, Boni e a menina, estavam sempre por lá, no restaurante. Na sauna não, ela não era da sauna.

Quando precisávamos planejar alguma ação violenta, a discussão ocorria na sauna. Foi lá que arquitetamos algumas das missões importantes, como a explosão no jornal *O Estado de S. Paulo*, por exemplo.

A ideia de detonar o prédio do *Jornal do Brasil* também foi discutida no local. O *JB* era ali bem pertinho, chegamos a planejar em detalhes essa nova operação, que envolveria os cubanos que estavam hospedados no Hotel Apa, em Copacabana. Eles seriam assassinados e implicados no caso para que a imprensa culpasse as organizações de esquerda. O *JB* havia se mudado há pouco tempo para aquele local, um prédio novo e bonito.

Foi ali também que, sempre orientado pelo coronel Perdigão, aceitei me infiltrar na Brigada do Exército de

---

presário da noite. Ele morreu em abril de 2002, vítima de infarto.
[86] José Bonifácio de Oliveira Sobrinho, Boni, é publicitário, empresário e diretor de televisão. Em 1967 assumiu a chefia da direção de programação e produção da TV Globo, convidado pelo amigo Walter Clark. Os dois criaram então a primeira rede nacional de televisão, concebendo o formato básico da programação da TV Globo até hoje: uma grade no horário nobre formada por três novelas, o *Jornal Nacional* entre a segunda e a terceira e uma atração especial a seguir. Em *O livro do Boni*, que publicou em dezembro de 2011, ele fala da relação com banqueiros do jogo do bicho e a formação da Liesa – Liga Independente das Escolas de Samba –, alguns anos depois desse período áureo do Angu do Gomes.

Niterói. Nessa época, estavam montando uma operação que precisava ser investigada, pois preocupava Perdigão, embora não tivesse nada a ver com o nosso grupo. Eles estavam fazendo um treinamento por lá e aconteciam cursos especiais. Perdigão deu a ordem para que eu me infiltrasse, e quase morri por causa disso.

Nessa sauna também recebi 50 submetralhadoras, ainda nas caixas, estalando de novas, com o carimbo do Exército. Deveriam ser distribuídas para os fazendeiros de direita. Isso foi feito por etapas, mas depois fui condenado a quatro anos de prisão por causa dessa operação. Foi no início dos anos 1990, quando a jornalista Maria Nilce foi assassinada em um crime bárbaro, em Vitória, no Espírito Santo.

Fui encarregado da investigação, descobri tudo, inclusive o envolvimento de famílias capixabas poderosas, e me enredei numa confusão. Acabaram revivendo o caso das submetralhadoras, porque algumas já tinham sido descobertas e apreendidas com fazendeiros anos atrás, e haviam falado que eu era o responsável por aquele material.

A Polícia Federal reabriu o caso, já que eles também queriam me pegar por conta das confusões policiais no estado. Apresentei-me à juíza, que se mostrou surpresa, já que a PF havia me descrito como um homem perigoso. Fui condenado a quatro anos de prisão pela 1ª Auditoria Militar do Rio de Janeiro.

Fui recolhido à prisão, adivinhem onde? Na PE da Barão de Mesquita! Fiquei preso por vários dias, até que chegou um indulto e fui solto.

A ideia no caso das submetralhadoras era levar os fazendeiros a reagir violentamente ao movimento de camponeses rurais muito ativos na época em algumas regiões, devido às discussões sobre reforma agrária. Os coronéis queriam provocar mortes em conflitos de terra e gerar ambiente de insegurança que prejudicasse a abertura política. O plano era provocar derramamento de sangue, e culpar a esquerda.

Os dois imóveis – o restaurante, onde se comia e se conspirava, e a casa de massagem com garotas de programa – pertenciam à Irmandade da Santa Cruz dos Militares.[87] Todos os coronéis da linha-dura faziam parte dela.

A Tradição, Família e Propriedade – TFP –[88] era um braço dessa irmandade. Eles eram muito ativos em Campos, no Rio de Janeiro, para onde levei muitas armas e onde corpos de presos políticos foram incinerados. A irmandade e a TFP tinham ligação. E esta, o coronel Perdigão relatou na época, mantinha forte envolvimento com o SNI.

A irmandade financiava parte de nossas ações e disponibilizava a utilização desses prédios. Ela alugava os dois espaços para um terceiro, "laranja", provavelmente Jussara, que os sublocava para o dono do Angu, Basílio, e para Augusto, meu sócio na sauna.

Além da sauna, fui sócio de Jussara Calmon numa outra firma de material de construção, mais uma em-

---

[87] Desde o século XIX até os dias de hoje a irmandade funciona com um sistema de assistência social para viúvas e órfãos de militares. A entidade é mantida com a contribuição de seus membros. Ver trecho de reportagem do jornal *O Globo* sobre a instituição nos Anexos.
[88] TFP – Movimento católico conservador fundado em 1960 pelo então deputado federal Plínio Correia de Oliveira, e que apoiava firmemente o regime militar.

presa de fachada com a mesma finalidade: arrecadar recursos para ações clandestinas. Jussara está viva e mora na Europa, em Alesund, na Noruega.

Ela me ligou recentemente, em 2010, me mandou documentos. Queria que eu tirasse o nome dela da empresa, que existe até hoje mas não funciona. Eu respondi que não tinha nada com isso, que tinha sido Augusto, marido dela, que colocara meu nome, e que eu não ia mexer com isso. O CPF dela nessa firma deve estar causando problemas de alguma maneira, mesmo ela morando no exterior.

Sei que a firma está registrada, apesar de sequer lembrar o seu nome. O CNPJ ainda existe, e para comprovar é só procurar os nomes Jussara Nogueira Calmon e Cláudio Antonio Guerra nos registros da Associação Comercial do Rio de Janeiro. Ela acabou não sendo muito usada para esse fim, o de arrecadar fundos.

Tive notícias de Augusto há pouco tempo. Parece que ainda mora na Ilha do Governador. O irmão dele, Basílio,[89] que se separou da mulher para casar com um travesti, disse recentemente para alguns ex-companheiros que Augusto está vivo. Ele estava muito doente, eu soube, com problemas financeiros também. Esse tem bastante história para contar; se estiver vivo, certamente vai querer falar.

---

[89] Segundo funcionários do novo Angu do Gomes, Basílio, hoje com cerca de 80 anos, ainda frequenta o restaurante no início da noite das sextas-feiras. O espaço foi reaberto em 2007 por um dos seus netos, e ele esteve presente na reinauguração. Seu sócio, João Gomes, morreu em 2008, aos 78 anos, de infarto fulminante, numa fila de banco. Consta que estava pobre e esquecido, afundado em dívidas de jogo.

A SCUDERIE LE COCQ

Eu estava no Rio e passei a integrar o esquadrão de ouro da Scuderie Le Cocq.[90] Essa irmandade se alastrou por São Paulo, Rio de Janeiro, Espírito Santo e Minas Gerais. O coronel Perdigão pertencia a ela, e Sivuca,[91] que depois virou deputado, era um de seus membros mais conhecidos, tendo sido eleito usando o lema da associação: "Bandido bom é bandido morto."

Muitas vezes, para operacionalizar as ações, recrutávamos pessoal da Scuderie.[92] Em Minas, por exemplo, alguns homens eram convocados para dar cobertura nas missões designadas pelo Perdigão. Eu não levava material, nem arma, nem munição ou carro.

Nós, os associados, nos tratávamos por "irmãozinhos"; nossa relação era de estreita confiança. O grupo tinha tentáculos em setores influentes da sociedade – políticos, juízes, delegados –, que se uniam para tornar impunes suas ações, muitas vezes criminosas. O discurso ideológico de combate ao crime e a articulação entre os membros da Scuderie colocavam-nos acima das leis, e tudo era permitido.

---

[90] Milton le Cocq – detetive da Polícia do Rio de Janeiro que chegou a integrar a guarda do presidente Getulio Vargas. Foi assassinado em 1964 por Manoel Moreira, o bandido conhecido como Cara de Cavalo. O episódio deu origem a um dos mais famosos grupos paramilitares que já atuaram no Brasil, a Scuderie Le Cocq. Ver Anexos.
[91] Guilherme Godinho Ferreira, o Sivuca, delegado que mais tarde se elegeu deputado estadual pelo Rio de Janeiro.

Eu não me relacionava com o grupo do Espírito Santo. A associação nesse estado teve sua função desviada para o crime de mando; não visava servir o país nem tinha viés ideológico – era puro comércio, era para ganhar dinheiro.

A OPERAÇÃO CONDOR NO BRASIL

No segundo semestre de 1980, aconteceu um evento oficial no Hotel Glória, no Rio de Janeiro, promovido pela International Police Association,[93] que serviu de biombo para outra reunião, essa clandestina, que fez parte do contexto da Operação Condor.[94] Nessa época, o Brasil vivia um processo de abertura política.

Foram três dias de reuniões oficiais e duas noites de conspirações, fundamentais para as nossas ações daí em diante. Decidiu-se radicalizar os ataques à bomba em vários países da América do Sul que tinham governos militares, para que tais ações fossem atribuídas à esquerda, a exemplo do que tinha ocorrido na Argélia.

---

[93] A International Police Association é considerada a maior organização policial do mundo. Foi fundada em 1º de janeiro de 1950.
[94] A Operação Condor foi uma aliança político-militar articulada pela CIA – a Central de Inteligência Americana – na época em que George Bush pai era seu diretor. Foi articulada por ele, pelo ex-secretário de Estado Henry Kissinger e pelo general Vernon Walters (1917-2002), velho conhecido dos militares brasileiros que estiveram à frente do Movimento de 1964.

O nome oficial do evento foi Primeiro Congresso Brasileiro sobre Violência Urbana e suas Implicações. Começou no dia 19 de novembro de 1980, no salão de convenções do Hotel Glória.

Com a participação de 200 pessoas, que discutiram os rumos do combate à criminalidade nos centros urbanos brasileiros e latino-americanos, o encontro serviu de fachada para essas outras reuniões de bastidores, de cujo resultado pouco se sabe até hoje. Fui lá com a minha esposa na época, Rosa Maria Cleto.

Durante o evento foram redigidas moções a serem encaminhadas aos governos federal e estaduais, entre outras coisas solicitando a formação do policial de carreira, com o intuito de evitar, por exemplo, que delegados nomeados politicamente continuassem a ser massa de manobra nas mãos de seus padrinhos políticos.

Mas nas madrugadas a história era outra. Na noite de abertura e na véspera do encerramento, oficiais militares, civis e policiais envolvidos na Operação Condor, de vários países, se reuniram e traçaram uma estratégia de combate violento à esquerda e à abertura democrática.

A decisão foi incrementar a explosão de bombas e a prática de atentados, e todos logo viram no que isso deu. Concordei com as novas diretrizes, pois vinha de uma orientação anticomunista e, devido à minha convivência com os coronéis linha-dura, achava que o povo brasileiro não estava preparado para governar o país.

Dessas duas reuniões não participaram grandes nomes e altas patentes militares brasileiras. Estavam lá, porém, os operadores do porão, os principais agentes dos atentados que vieram a seguir, e participantes do combate anterior, armado, contra a esquerda.

Os principais nomes da equipe do delegado Fleury, já morto, estavam lá. O nosso pessoal de Minas Gerais, de Brasília e do eixo Rio/Espírito Santo também esteve lá. Lembro-me do coronel Cerqueira... acho que nessa época estava no comando da Polícia Militar do Rio. Do exterior, sim, havia alguns oficiais superiores, de alta patente. Do Brasil, não. Só o pessoal do porão, os operadores. Os coronéis linha-dura e outros oficiais não queriam se expor ou deixar claro o real objetivo daquele encontro. O coronel Freddie Perdigão, por exemplo, e o comandante Antônio Júlio Vieira, não foram. Por isso eu estava lá. Eu fui para o Perdigão não ir. Ele era um cara marcado. Se aparecesse por lá, rapidamente descobririam a reunião paralela da Operação Condor.

O encontro, nas melhores suítes do hotel, foi um investimento caro, mas tudo foi pago. Se fosse possível hoje seguir o caminho do dinheiro, chegar-se-ia certamente à CIA.

Lembrei-me dessa reunião porque, algum tempo depois, quase morri em consequência das decisões daquele evento clandestino no Hotel Glória. Estimulados pelas deliberações, começamos a fazer movimentações fortes em várias frentes.

Quando teve início a série de atentados à bomba, chegou uma informação ao DGIE do Rio de Janeiro de que havia um grupo de policiais confinados, treinando, na Brigada do Exército de Niterói,[95] e que se estava im-

---

[95] Na década de 1960, a 5ª Brigada de Infantaria do Rio de Janeiro foi transferida para Niterói e renomeada como 2ª Brigada

portando clandestinamente uma quantidade absurda de armas para treinamento de guerrilha.

O coronel Perdigão, que me chefiava na agência do SNI do Rio, desconfiou desse grupo e me mandou para lá. Pediu que me infiltrasse na brigada para tentar descobrir o que estava acontecendo e, se fosse o caso, desmontar o grupo.

Eu era a pessoa ideal para a missão: além de ter a confiança de Perdigão, era do Espírito Santo, e meu rosto não era conhecido. Ajudava também o fato de poucos saberem do meu papel de agente secreto de Perdigão e de Vieira.

Como era policial, não foi difícil me infiltrar. Aproximei-me de um agente federal da equipe do delegado Barrouin,[96] o mesmo que, mais tarde, penso eu, tentou me matar. Fui ganhando a confiança do grupo; confirmei que eram de extrema-direita, como nós.

Uma das formas de ganhar a confiança deles foi trazer mais um adepto, o filho do usineiro de Campos, João Lysandro, o João Bala. Rico, violento, também de extrema-direita, tinha dinheiro para importar armas,

---

de Infantaria Motorizada ou Brigada Arariboia. Em 1998, passou a se chamar 2ª Brigada de Infantaria de Selva. Atualmente, é considerada uma força operacional de elite do Exército brasileiro, formada por militares indígenas da região e militares profissionais especialistas em guerra na selva.

[96] O delegado da Polícia Federal Cláudio Barrouin Mello morreu no dia 14 de janeiro de 1998. Guerra afirma que ele foi o responsável por desviar várias investigações envolvendo crimes de direita. Barrouin era moreno, alto, cabelos lisos e escuros. Foi ele, segundo Guerra, quem arrumou o "laranja" que foi acusado pelo atentado da carta-bomba à OAB.

para financiar o pagamento delas. Logo descobri que em Niterói estava funcionando um campo de treinamento de operadores de direita, como nós, e fiz um relatório oficial para o SNI.

Esse foi o único episódio, em toda a minha história de envolvimento com os militares, no qual achei que ia morrer.

Eles haviam ocupado um campo deserto na Brigada de Niterói. Apesar do prestígio e dos vínculos que criei com a tortura, gradativamente, minha situação foi se tornando angustiante. Enquanto eles sabiam que eu era de direita e competente, eu descobria a cada dia que estavam treinando para operações clandestinas.

O mesmo agente da CIA, Jone Romaguera Trotte, fornecia armas para ambas as partes. Eles iam buscar na casa dele, na Tijuca. De vez em quando, Jone ia lá na brigada para treinar o pessoal a usar armas que eles não conheciam.

Muitas dessas armas foram entregues a mim, pois acreditavam que eu estava montando um grupo de terrorismo de direita. Em geral eram metralhadoras R-15. Até me ofereci uma vez a ir até a casa de Jone para receber o armamento. Só que, em vez de levar direto para a brigada, passava na Procuradoria Federal, no Espírito Santo, e avisava ao procurador Geraldo Abreu que as armas estavam comigo.

Eu as deixava na própria Secretaria de Segurança, e até mesmo em casa. Havia Uzi israelense, fuzis R-15, metralhadora antiaérea, e muitas delas ficaram guardadas na usina de Campos; podem estar lá até hoje, é o caso de procurar.

Mas o meu medo aumentava a cada dia. Até que, numa noite, aquele policial que ajudou a me infiltrar, da equipe do delegado Cláudio Barrouin, mais o próprio Jone Romaguera, me falaram: "Guerra, vamos conosco em Santa Teresa? Precisamos testar uma arma." Nessa hora percebi que tinha sido descoberto e que já haviam decretado minha sentença de morte.

Não tive alternativa senão entrar no carro, sentar no banco de trás, dois na frente. Naquele tempo não era fácil avisar a meus companheiros ou ao coronel Perdigão. Seguimos até Santa Teresa. Eles pararam em frente a um muro, debaixo de um poste de ferro, e descemos do carro.

O agente do Barrouin pegou uma pistola 9mm com silencioso, esticou o braço e disse: "Testa aí, Guerra." Num impulso de defesa, peguei a minha 45, que estava nas costas, apontei para ele, e respondi: "Testa você." Ele ficou assustado e falou: "O que é isso, Guerra???" Continuei com a minha 45 apontada e insisti: "Testa você." Quando ele resolveu testar, vimos que a pistola estava sem munição. Acredito que eles iam me matar. Colocaram munição, testaram a arma, mantive durante todo esse tempo a minha 45 apontada para eles. Entramos no carro e voltamos para a brigada.

Nunca mais estive com Jone Romaguera depois desse episódio. Ele me fora apresentado pelo Augusto, no esquema de conspiração do Angu do Gomes, e não conhecia a minha identidade secreta, de agente do coronel Perdigão e do SNI. Para ele, eu era simplesmente um cara de direita, com fama de eliminar bandido. Um radical isolado e solto, representante de fazendeiros.

Antes de me infiltrar na Brigada de Niterói, eu me tornara íntimo de Jone. Frequentava sua casa, íamos com o carro de João Bala, da usina, para pegar e negociar armas. A desconfiança pode ter vindo de alguma bobeira minha, ou a Polícia Federal, do próprio delegado Barrouin, suspeitou de algo. Na verdade, o clima de desconfiança era muito grande nessa época.

Assustado, fui imediatamente procurar o coronel Perdigão para contar o que tinha acontecido. Isso foi a gota d'água para ele, que então resolveu agir. Lembro-me das suas palavras: "Reinaldo (ele me chamava por esse codinome), saia da Brigada, porque eu vou desencadear a operação."

Perdigão nominou a operação de Setembro Negro, invadiu a brigada e prendeu todo mundo. Após interrogatórios e investigações, chegou-se a uma conclusão: o grupo era, como nós, de extrema-direita.

Erramos, mais uma vez. A nossa desorganização, os ciúmes, a falta de entrosamento, tudo isso acabou impedindo que esse grupo colocasse em prática o que estavam planejando: uma enorme onda de atentados no país inteiro, usando a mesma tática nossa de atribuir a violência das ações à esquerda. Mais um erro de informação que acabou contribuindo para a abertura política.

Uma curiosidade: anos depois, o delegado que investigou a morte de PC Farias, Pedro Berwanger, encontrou comigo e reclamou: "Cláudio, perdi arma pra caramba por sua causa, naquele episódio!" Ele estava lá. Respondi: "Pois é, mas eu estava trabalhando, cumprindo ordens."

A EXPLOSÃO DA RÁDIO NACIONAL DE ANGOLA

No início de 1977, Perdigão me convocou para uma missão que começava no Campo dos Afonsos, no Rio de Janeiro. Nada mais me disse, a não ser que deveria me apresentar e seguir as orientações. Foi o que fiz.

Cheguei, dei meu nome e entramos num avião. Partimos para Pernambuco e daí atravessamos o Atlântico num voo direto. O avião era um Hércules da FAB, com aspecto e cheiro de novo. Não sei se os pilotos sabiam para onde íamos antes da decolagem no Rio; eu não sabia e acho que nem meus dois companheiros. Foi uma viagem longa, umas oito, nove horas, mais ou menos, do Recife para lá. Saímos por volta de meia-noite e chegamos no começo da manhã, às sete horas. Estava tudo planejado, mas nós continuávamos sem saber dos detalhes. Isso não era novidade para mim. Para segurança de todos, as informações eram compartimentadas.

Pousamos num campo, em Luanda, Angola. Não era um campo oficial era lugar de mato, fora da cidade, como se fosse um aeroporto paralelo, uma pista clandestina. Deixamos o avião sob escolta de parte da tropa que estava nos esperando. Os soldados e os pilotos ficaram para trás e saímos em comboio.

Éramos apenas três os executores: eu, um cara da polícia, que hoje é procurador no Rio de Janeiro, e outro companheiro, que mais tarde viria a perder a mão em um acidente com bomba, Sérgio Farjalla.[97] Nós três éra-

---

[97] Delegado Sérgio Farjalla, ex-instrutor de tiro da Academia de Polícia Civil que posteriormente virou especialista em efeitos es-

mos especialistas em explosivos e já havíamos trabalhado juntos. Fisicamente, estávamos bem treinados, éramos muito bem preparados. Um iria proteger o outro, cobrir o outro; se um ficasse para trás, se houvesse confusão, tiroteio, os dois prosseguiriam. Confiaria minha vida a eles e eles a mim, era assim que funcionaria a trinca. Fomos recebidos por uma equipe de apoio local em três jipes, um deles com um símbolo de Cuba. Tínhamos dois dias para a operação, mas não foi necessário nem um dia inteiro.

Nosso contato era o doutor Saraiva. Ele era médico antes de os comunistas assumirem o governo, e atendia até o ex-presidente da República. Hoje ele vive em Portugal e há pouco tempo atrás me mandou a árvore genealógica de minha família.

Deveríamos nos passar por cubanos, com o doutor Saraiva liderando o grupo que nos levaria até o local. Viajamos, pelos meus cálculos, umas duas horas. Foram cerca de 100 quilômetros. Quando chegamos à cidade, nos deparamos com um trânsito confuso, com mais cubanos nas ruas do que o pessoal de lá mesmo. O Fidel tinha mandado uma tropa enorme para Angola.

Enfim, chegamos ao local por volta das nove da manhã. Era a Rádio Nacional de Angola, que pertencia ao Partido Comunista, e funcionava num sobrado não

---

peciais, tendo trabalhado em filmes e seriados. Farjalla está na agenda do sargento Rosário, morto no atentado ao Riocentro.
Em reportagem do jornal *O Globo* sobre a agenda do sargento Rosário, do atentado ao Riocentro, com nome e foto de Farjalla, Guerra reconheceu o ex-companheiro: "Ele está mais jovem nesta foto, mas, com certeza, é ele."

muito grande, de dois ou três andares. Era a principal rádio do país.

Não sabíamos quem iríamos matar. Só sabíamos que colocaríamos uma bomba e que muitas pessoas iriam morrer. Só isso.

Passamos sem problemas pelo pessoal da segurança. Meus dois companheiros falavam bem o espanhol e entraram conversando. O artefato foi colocado no vão da escada, próximo ao estúdio, num cômodo que servia como despensa. Quem colocou a bomba foi o companheiro que hoje é procurador no Rio de Janeiro. Ele atendia pelo codinome de Professor, me ensinou tudo sobre explosão e era muito bom no que fazia. Enquanto ele montava o dispositivo, eu e Sérgio ficamos na porta, conversando.

O artefato, levado numa bolsa militar, já estava mais ou menos pronto. Foi só ligar. O Professor programou para explodir em 30 minutos, tempo suficiente para estarmos longe. Soube depois que toda a cúpula do Partido Comunista morreu na explosão. Não sei quantos eram, não lembro direito, eu desliguei disso tudo.

Voltamos de imediato ao Brasil, pois não podíamos correr o risco de ser identificados. O Hércules da FAB nos esperava no mesmo local do desembarque. Ele estava escondido por uma rede de proteção grande, aquela de camuflagem. Os pilotos haviam recebido instruções rígidas para levantar voo se houvesse qualquer contratempo, deixando a gente para trás. Soldados armados, recrutados pelo doutor Saraiva, continuavam de guarda no campo clandestino.

Foi bom ver o avião ali. O reabastecimento já havia sido feito, pois eles tinham galões de combustível no esconderijo. E nós viemos embora.

Chegamos a Recife por volta das nove horas da noite do mesmo dia. Cada um recebeu 10 mil dólares pelo serviço.

Era comum sairmos para fazer alguma coisa sem saber o quê. Só recebíamos a ordem na última hora, muitas vezes junto com o material necessário. Eu não sabia que iria para a África, o que nos foi comunicado somente quando decolamos do Recife. Perdigão me confidenciou que foi um pedido do governo americano. Esse atentado pode ter sido o precursor de um movimento maior. Nessa época, estavam sendo treinados 5 mil homens do Exército, da Marinha e da Aeronáutica. Isso é oficial.

Uma força estava sendo preparada para ser enviada a Angola, mas acabaram não indo, se não me falha a memória por desentendimentos com o presidente americano Jimmy Carter,[98] que passou a defender uma política de direitos humanos. A tropa estava sendo treinada no Rio e em São Paulo; no Nordeste também, não lembro se em Pernambuco ou na Bahia. Fora o batalhão de selvas lá do Amazonas.[99]

---

[98] Jimmy Carter governou os EUA entre 1977 e 1981 e influenciou o processo de abertura democrática nos países da América Latina. Em 30 de março de 1978 encontrou-se com o general Ernesto Geisel. Carter era democrata e foi um dos poucos presidentes americanos a não se reeleger.

[99] No dia 27 de maio de 1977, a Rádio Nacional de Angola, em Luanda, foi invadida durante uma tentativa de golpe de Estado

comandada por Nito Alves, então ex-ministro do Interior do presidente Agostinho Neto, líder máximo da MPLA, movimento de orientação comunista que havia conquistado o poder.

Relatos da época dão conta de que houve uma grande explosão, seguida de tiros, numa ação em que morreram importantes lideranças do MPLA: o major Saydi Mingas, ministro das Finanças do novo governo; o diplomata Garcia Neto, que atuou no reconhecimento internacional do movimento; e o comandante Eugênio Veríssimo da Costa, o Nzaji, chefe de segurança das Forças Armadas do MPLA e segurança pessoal de Agostinho Neto.

Além da Rádio Nacional, o movimento golpista – que ficou conhecido como Fraccionismo – tomou naquele mesmo dia a Cadeia São Paulo, a prisão da polícia política (DISA).

Em seguida, os golpistas tentaram ganhar as ruas, com apelos ao povo para que marchasse em direção ao palácio presidencial. Chegaram a tomar vários outros pontos de Luanda, mas a reação veio logo.

Diante do ataque à rádio e da morte dos dirigentes do MPLA, Agostinho Neto, ligou para Fidel Castro, em Cuba. O líder cubano ouviu a história e autorizou o Exército a entrar em ação para sufocar a revolta. Os cubanos, em grande número em Luanda, cercaram a rádio e mataram os rebeldes.

Em poucas horas, retomaram o controle da cidade, pondo fim à tentativa de golpe. Mas a ação teve graves consequências, pois foi o início de uma campanha de perseguição aos ditos opositores do regime, os "inimigos do povo". Nesse período, foram presos, torturados e executados entre 15 mil e 80 mil angolanos.

Historiadores e diplomatas que serviram na África contam que os "nitistas" eram apoiados de forma oculta pelo FNLA, grupo de direita que disputava o poder com os comunistas e tinha o apoio da CIA.

Os militares brasileiros tinham boa relação com o FNLA. Por isso, os nitistas conseguiram o "apoio". Na época, circularam vários relatos de brasileiros infiltrados em movimentos políticos na África (alguns se diziam mercenários).

O Hércules, avião da FAB, era uma aeronave de transporte de tropas com grande autonomia de voo. O Brasil tinha aeronaves

O FINANCIAMENTO DOS CRIMES POLÍTICOS

Eram dois os bancos que apoiavam nossas operações: O Mercantil de São Paulo[100] e o Sudameris.[101] No início, financiavam o combate à esquerda armada, mas depois custearam as operações com bombas e os atentados para impedir a redemocratização do país.

Eu tinha conta clandestina no Mercantil, um banco muito forte durante o regime militar, e o pessoal da comunidade de informações de São Paulo, no Sudameris, segundo eles mesmos.

Havia dois tipos de movimentação. A regular, oficial, em que circulava o dinheiro que vinha da atividade como

---

de transportes de tropa desde os anos 1960, como os Fairchild C-119G, o Vagão Voador. Os primeiros Hércules chegaram em 1964. Em 1974, o governo brasileiro comprou dois Hércules modernizados, com maior raio de ação, um C–130H e um KC–130H, este capaz de abastecer outros em pleno voo.

Esses aviões, por terem maior autonomia de voo, permitiam missões no exterior, principalmente em países distantes como Angola. Os aviões eram usados por dois esquadrões da FAB, o 1º Esquadrão do 1º Grupo de Transporte de Tropa, o esquadrão Coral, e o 2º Esquadrão do 1º Grupo de Transporte de Tropa, o esquadrão Cascavel.

[100] O Banco Mercantil de São Paulo S/A foi um dos maiores bancos do Brasil nos anos 1960.

[101] O Sudameris surgiu da fusão entre dois bancos europeus: a Banca Commerciale Italiana, fundada em 1894 em Milão, e o Banque Française, que formaram, em 1910, o Banco Francês e Italiano para a América do Sul. Suas primeiras agências foram abertas no interior de São Paulo e ofereciam crédito à cafeicultura, o setor mais dinâmico da economia na época.

servidor público, seja da polícia ou do Exército; e a extra-oficial, que era a remuneração pelas atividades clandestinas que mantínhamos. Nesse caso, recebíamos por codinomes. Eu tinha uma conta como Cláudio Antonio Guerra, para pagamento de minhas atividades oficiais, para movimentação do meu salário de policial, e outra como Stanislaw Meireles, para as operações clandestinas.

Guardei comigo, até pouco tempo atrás, toda a documentação dessa conta que mantive com identidade falsa. É possível que meu advogado tenha anexado a um de meus processos. O banco sabia para quê esse dinheiro era usado, era conivente com a transação. Tinha consciência de que estava ajudando a combater a esquerda armada no país. O dono do Mercantil era Gastão Eduardo Vidigal,[102] mentor, arrecadador e financiador das nossas operações clandestinas.

Eu recebia pela agência Copacabana do banco, no posto 4, perto da Galeria Alasca. A maioria dos coronéis, inclusive Perdigão, recebia pelo Mercantil. Os agentes também, mesmos os "doutores", como eram chamados os oficiais das Forças Armadas.

Pela conta de Stanislaw Meireles passava muito dinheiro. Eu poderia comprar um carro todo mês. Havia um fixo garantido, o correspondente a 5 mil reais hoje, mas entravam 100 mil, 200 mil, tudo dependia do que

---

[102] Gastão Eduardo de Bueno Vidigal foi banqueiro, empresário, advogado e secretário de Fazenda de São Paulo durante o governo Carvalho Pinto. Era considerado uma das principais lideranças empresariais no apoio ao regime militar, tendo ficado famosas as reuniões que promovia para arrecadar fundos para a OBAN.

estava sendo planejado para minhas missões. O coronel Perdigão recebia como doutor Flávio, não sei o sobrenome; o general Nilton Cerqueira[103] também recebia lá. O Fleury, em São Paulo.

Os recursos que viabilizavam o pagamento da equipe de operações clandestinas vinham dos empresários que, em troca, eram beneficiados pelo regime militar. Dinheiro nunca faltava. Religiosamente, todo dia primeiro, o pagamento estava na conta.

Antes de falar o que sei sobre o banco Sudameris e sua ligação com o submundo da guerra contra a esquerda, quero contar uma história. Recebi várias comendas da Destra[104] – uma organização de extrema-direita italiana. Recebi uma bandeira, uma honraria e uma esfinge de Mussolini.[105] Ainda as tenho em algum lugar.

---

[103] Nilton Albuquerque Cerqueira foi oficial da Infantaria do Exército, sob a identidade número 1 G-724.769. Participou ativamente, como um dos comandantes, da Operação Pajussara, que resultou na morte de Carlos Lamarca.
Em 1981, quando ocorreu a tentativa de atentado ao Riocentro, ele comandava a Polícia Militar do Estado do Rio de Janeiro. O então general Cerqueira fora chamado na véspera a Brasília e manteve-se à distância do evento.

[104] Movimento Sociale Italiano – Destra Nazionale (MSI-DN), liderado por Giorgio Almirante, era um partido neofascista.

[105] Benito Amilcare Andrea Mussolini tornou-se primeiro-ministro da Itália em 1922. Aliou-se aos alemães na Segunda Guerra Mundial e terminou sendo capturado e executado pela Resistência italiana. Seu corpo foi pendurado de cabeça para baixo pela população revoltosa durante a libertação da Itália do governo fascista.

Alguns familiares meus viajaram à Itália por conta desses amigos, que pagavam passagens e hotel. Eles me deram de presente uma pistola 9mm, mandada pelo chefe dos carabineiros,[106] que depois foi confiscada pela Polícia Federal. A arma pode ser rastreada e deve estar em algum lugar, até gostaria de saber onde. Nunca cheguei a conhecê-los pessoalmente porque nunca estive na Itália, não tive oportunidade. Vejam bem, eles faziam isso para a comunidade de informações, para a nossa irmandade. Não era para o Cláudio Guerra. Acontece que eu estava ganhando fama entre os meus colegas, e isso havia chegado aos carabineiros, como gostava de falar o coronel Perdigão quando me entregava as comendas.
Nunca perguntei se os outros companheiros da irmandade também as recebiam. Perdigão falava que havia um grupo lá na Itália que admirava muito o meu trabalho.

Agora vamos voltar ao banco Sudameris. O pessoal da irmandade de São Paulo me dizia que recebia dinheiro por aquele banco, ligado aos italianos. Pesquisem[107] se a origem do banco é Milão. Era dessa cidade que vinham todas as informações, comendas, viagens, passagens, enfim, era isso o que se falava na comunidade de informações.

---

[106] A Arma dos Carabineiros (em italiano: *Arma dei carabinieri*) é uma das quatro forças armadas da Itália.
[107] A Banca Commerciale Italiana, que fez parte da origem do Sudameris, foi fundada em 1894, em Milão.

Camilo cola e a viação itapemirim[108]

O deputado capixaba Camilo Cola, dono da Viação Itapemirim, foi um grande apoiador das nossas ações clandestinas. Ele era um dos poucos a realmente acreditar que o regime militar iria durar para sempre. Muito próximo do coronel Perdigão, ele arrecadava recursos entre grandes empresas, como a Gasbrás e a White Martins, e levava em mãos para o coronel. Camilo Cola sempre contou com os préstimos do coronel Perdigão e do comandante Vieira. No início dos anos 1980, bem depois da fase áurea de nossa comunidade, ele procurou Perdigão para resolver um problema. Foi quando Perdigão e eu começamos a perder a confiança um no outro, a nos afastar. Eu estava meio acomodado, ganhando um bom dinheiro com o jogo do bicho.

Já fora do SNI, o coronel havia criado uma empresa de investigação, e Camilo encomendou um crime de mando. O jornalista José Roberto Jeveaux, dono de um periódico de pouca expressão em Vitória, o *Povão*, estaria chantageando o empresário. Ele tinha perdido a paciência e queria uma solução definitiva para o caso. Perdigão escalou uma equipe mista, com gente do Rio e de Minas, para dar um fim no jornalista. Seu corpo nunca apareceu.

José Roberto Jeveaux havia patrocinado um livro sobre mim, *O cana dura*, redigido por Pedro Maia, e eu

---

[108] Viação Itapemirim – é a maior empresa de transporte rodoviário de passageiros do Brasil e da América Latina, com aproximadamente 2 mil veículos.

não quis participar da sua execução. Frequentávamos a casa um do outro, e não me envolveram nisso.

Todo o grupo que participou do crime sumiu também: um foi morto por bandidos no Espírito Santo, e do outro, Moacir, filho de um tenente da PM, nunca mais tive notícias.

O comandante Vieira participava da empresa do coronel Perdigão, mas eu, como já disse, estava ganhando bem. Não queria mais me envolver nessas operações, e acabei me afastando.

Outro caso envolvendo Perdigão foi o assassinato de um político nordestino, praticado pelo Pejota. Foi depois de 1985. Também um crime de mando, mas sem relação com Camilo Cola.

O empresário, como arrecadador e financiador da repressão, recebia benefícios do regime militar. Ganhou várias concessões e sua empresa cresceu muito no período. Com o fim da ditadura, ele absorveu, na Viação Itapemirim, vários agentes que combateram a esquerda no Brasil. Ziraldo e Henfil chegaram a reconhecer alguns deles em encontros ocasionais, foi o que me falaram.

É preciso checar isso, mas uma pesquisa simples revelará as pessoas que foram empregadas pela empresa após o regime militar.

Ivo noal

Ivo Noal, desde sempre ligado ao jogo do bicho, foi um dos que mais arrecadaram para as operações clandestinas do delegado Fleury. É o que me foi contado pelo coronel Perdigão e pelo comandante Vieira.

A *FOLHA* E O APOIO À OBAN

No final dos anos 1960, o governo federal autorizou o Exército a realizar uma ação de combate à esquerda na capital paulista. Surgiu então a OBAN – Operação Bandeirante –, embrião da união de policiais civis com militares no combate aos comunistas, dirigida pelo delegado Sérgio Paranhos Fleury. Nessa época, o apoio de empresários e banqueiros, como o do banco Mercantil, teve início.

A *Folha de S. Paulo*[109] apoiou informalmente as ações da OBAN. Os carros que distribuíam jornais eram usados em campanhas pela prisão de comunistas. Esses carros eram muito úteis porque disfarçavam bem, ninguém suspeitaria que membros da OBAN estivessem ali dentro preparados para agir.

---

[109] Mais importante e de maior circulação no Brasil, com sede em São Paulo, o periódico já reconheceu sua ajuda ao regime militar em seu portal. O texto, que trata da comemoração dos 90 anos do jornal, fala do relato, divulgado por militares presos na época, sobre caminhonetes de entrega do jornal usadas por agentes da repressão. A direção da *Folha* sempre negou ter conhecimento do uso de seus carros para isso. A *Folha de S. Paulo* teve papel destacado na luta pelo fim da ditadura militar, na instalação da democracia brasileira e na luta pelas eleições livres no Brasil. É hoje a mais combativa e independente publicação da imprensa brasileira.

Mappin, gasbrás e White Martins

Os donos do Mappin[110] – contaram-me também na irmandade – sempre ajudaram a combater a esquerda em São Paulo. Tive indícios fortes disso anos depois, quando me procuraram. Um intermediário, de nome Paschoal,[111] que eu sempre desconfiei ser do Mossad[112] e era também ligado a cassinos, me procurou. Ele já havia sido preso por causa de negócios relacionados ao jogo e tinha uma loja de carros importados na avenida Paulista.

Paschoal queria montar um cassino no Hotel Paradise, em Porto Seguro, na Bahia; embora o governo militar já tivesse acabado, a irmandade continuava e eu ainda tinha influência. Assim sendo, marquei um encontro com o senador Antônio Carlos Magalhães por meio de seu assessor, Rubens Gallerani. O problema foi resolvido e o cassino, aberto.

Alguns anos depois da morte de Fleury, ele me procurou novamente. Veio falar do Mappin, que já estava com problemas de insolvência. Os donos, Alberto e Cosette Alves, queriam que a comunidade ajudasse, pois a questão envolvia empresas de alta-costura abertas

---

[110] Loja de departamentos de São Paulo, fundada em 1913 por comerciantes ingleses. Cosette Alves assumiu o comando do Mappin em 1982, após a morte do marido, o advogado Alberto Alves Filho. Em 1996, a loja teve a falência decretada junto com a Mesbla, que havia sido incorporada ao Mappin em 1996, e encerrou suas atividades em 1999.
[111] Não foi identificado.
[112] Serviço secreto judeu.

no exterior, Roma ou Paris, ou as duas, não me lembro. Eles tinham medo de perder os bens; queriam passar tudo para o nome de terceiros.

Frequentei a casa deles, que era muito bonita, com colunas romanas, elevadores e mordomos, num bairro chique de São Paulo. No tempo dos militares, eles financiavam as operações do Fleury.

Fui a uma reunião em Ubatuba no iate dos Alves. Chegando lá, no entanto, não quis dar prosseguimento à conversa. A administradora agora era Cosette, que assumira o comando depois da morte do marido. Não aceitei porque não discuto assuntos importantes com mulheres, sempre acaba vazando alguma coisa.

Eles ainda devem ser muito ricos. Diziam-se amigos do presidente Figueiredo, frequentador do seu iate e de seu helicóptero. Isso foi na segunda metade dos anos 1980. Veja como a irmandade ainda tinha prestígio!

A Gasbrás[113] também foi financiadora de nossas atividades de combate à esquerda armada, assim como a White Martins.[114]. Eu sempre ouvi isso do coronel Perdigão e do comandante Vieira, em nossas reuniões.

---

[113] Gasbrás é uma empresa de distribuição de gás do Rio de Janeiro que, posteriormente, foi incorporada pela Supergasbras. Um dos seus dirigentes, o dinamarquês Boilese, acabou morto por militantes de esquerda.
[114] White Martins é a maior empresa de gases industriais e medicinais da América do Sul.

VII

A RESISTÊNCIA À ABERTURA DE GEISEL E GOLBERY

Bombas explodem por todo o país

Do final da década de 1970 até meados dos anos 1980, toda a estrutura montada para combater os nossos adversários começou a ser desconstruída.

Dentro do governo militar emergiu uma corrente contra nós, que havíamos conquistado muito poder depois do AI-5. A divergência entre os grupos e a percepção, em Brasília, de que não havia mais enfrentamento armado ao regime aceleraram a abertura política.

A desarticulação começou pela peça-chave do sistema, o Destacamento de Operações de Informações – Centro de Operações de Defesa Interna (DOI-Codi) nos estados.

Esses primeiros passos da abertura política lenta, gradual e segura, como defendida pelo general Ernesto Geisel, enfrentaram forte resistência entre nós.

Acostumados ao poder, grupos de oficiais das Forças Armadas, de policiais federais e civis resolveram agir por conta própria fora da cadeia oficial de comando.

Financiados por empresários e pela contravenção, que se beneficiavam de vantagens, nós, que nos autodenominávamos irmandade, comunidade ou grupo secreto, que nos chamávamos também de "irmãozinhos", acreditávamos que, por meio de atentados, conseguiríamos deter a redemocratização.

Partiu de nossos grupos uma onda de atentados terroristas a bancas de jornal, veículos de comunicação, eventos e shows. Além de todas essas ações, ameaças falsas eram plantadas para deixar a população em pânico.

O atentado ao Riocentro, a carta-bomba na OAB, as explosões em redações de jornais e mais cerca de trinta atentados em todo o país foram consequência e desdobramento das reuniões noturnas e clandestinas nos salões do Hotel Glória, no Rio de Janeiro, no final de 1980.

Um plano foi traçado nessas reuniões, como a previsão de uma série de atentados em todo Brasil. Alguns estados não obedeceram ao estabelecido, principalmente no Nordeste, não sei por quê. Mas Rio, São Paulo, Minas e Espírito Santo cumpriram a agenda.

O coronel Perdigão e o comandante Vieira incluíram Vitória no circuito idealizado no Hotel Glória. Eles me chamaram e me pediram para providenciar os ataques, a princípio, ao jornal *A Tribuna*, ao *Jornal da Cidade* e à Câmara de Vereadores.

Eu participei de vários atentados e soube dos outros, claro. Os grupos haviam sido preparados e treinados, talvez a maior parte deles pelo Professor, meu instrutor, aquele que foi comigo para a África, para explodir a Rádio Nacional de Angola.

Havia o grupo do sargento Rosário.[125] Trabalhavam com ele dois militares, Guarani[126] e doutor Diogo; o primeiro era também sargento e o segundo, oficial. Os dois estavam no Riocentro. Essa era uma equipe militar do DOI-Codi.

O coronel Perdigão é quem detinha as informações completas sobre as equipes que explodiam bombas, mas o nosso grupo civil sempre foi o mais reservado. Perdigão nos mantinha separados dos militares.

A equipe do Rosário certamente participou dos atentados à bomba nas bancas de jornal do Rio de Janeiro. No Rio tinha também o Pinna,[127] aquele que estava com outra bomba para explodir no Riocentro.

A imprensa diz que o construtor das bombas era Hilário Corrales,[128] que acabou indiciado no caso do Riocentro, junto com Perdigão, como o marceneiro que fabricava o material explosivo. Mas ele apenas cedia a sua oficina de marcenaria para a manipulação e feitura das bombas. Os especialistas eram outros.

Uma equipe formada por alguns desses militares é que deve ter colocado aquela bomba no Hotel Everest

---

[125] Sargento Rosário – morto na explosão da bomba do Riocentro. Ver capítulo na pg. 164.
[126] O agente Guarani foi identificado como o sargento paraquedista Magno Cantarino Motta, um dos maiores amigos do sargento Rosário. Cláudio Guerra afirma que ele participou do atentado ao Riocentro.
[127] Listado como agente da repressão militar. Ver capítulo seguinte.
[128] Fazia parte de um dos grupos secretos da repressão. Ver capítulo seguinte.

para matar Leonel Brizola.[129] No Rio, não sendo civil – o nosso grupo – eram eles, os militares. Em Belo Horizonte, havia um especialista, João Metropol, da Scuderie Le Cocq, um policial civil. O SNI era poderoso mas não tinha muito mais gente para explodir bombas por aí.

Todos nós fomos treinados pelo Professor. Acabei me tornando muito próximo dele, que me ensinou tudo sobre bombas. Foi ele que me ensinou a montar aquele explosivo do *Estadão*, que foi estimulado com botijão de gás. É ideia dele o uso de gás de cozinha.

Eu não participei das operações para colocar bombas em bancas de jornal. Isso era muito simples. O Professor nos ensinava e, depois, quando estávamos prontos para os atentados, o Ponto Zero[130] fornecia o material explosivo.

A EXPLOSÃO NO JORNAL *O ESTADO DE S. PAULO*

Um dos jornais mais críticos ao sistema era *O Estado de S. Paulo*.

Perdigão e Vieira queriam um atentado lá, para chamar atenção, fazer barulho, mas sem vítimas.

Eu mesmo idealizei tudo. A bomba seria colocada do lado de fora do prédio do jornal, assim eu teria mais controle para não atingir ninguém. Foi no dia 14 de novembro de 1983.

---

[129] Cláudio Guerra tentou matar Leonel Brizola. Ver adiante.
[130] Ponto Zero foi, até recentemente, um presídio da Polícia Civil, no Rio de Janeiro, para presos especiais. Naquela época funcionava ali o Centro de Operações Especiais da Polícia Civil.

Pedi a um mecânico de primeira do Espírito Santo, Paulo César Bessa,[131] que montasse um carro para mim, de modo que fosse impossível rastrear sua origem. O Bessa era muito conhecido como receptador de carros, não só no Espírito Santo como também no Rio de Janeiro.

Ele montou um Voyage: o chassi era de um automóvel, o motor de outro, um monte de peças misturadas. Deu certo. Até hoje não há a identificação do carro. A sua oficina, que era mais um desmanche do que uma oficina propriamente dita, ficava em Vitória, ao lado da delegacia de Polícia Civil. Peguei o carro com ele e o levei, sozinho, de Vitória até São Paulo.

Quando cheguei a São Paulo, tinha ordem para me hospedar em um hotel no Centro. Não me lembro do nome da rua, mas é fácil recuperar, fica em frente a um cinema, logo à esquerda saindo da avenida São João. É um hotel barato. Fica na mesma rua do DEIC.

Eles alocavam verba para pagar essas contas, a do hotel, por exemplo. Assinava a ficha com meu nome e pendurava a conta. Eles pagavam ao hotel.

A informação era de que uma agente iria se passar por minha mulher e estaria hospedada lá. Eu a conheci no hotel, uma loura natural e muito bonita, e o nome que ela me deu foi Tânia. Muitos anos depois – no início dos anos 1990 –, ela foi presa na região de Corumbá por envolvimento com drogas. Ela me ligou, estava triste e deprimida; eu também estava preso, mas ofereci ajuda. Ela não quis, provavelmente achou que eu poderia estar

---

[131] A oficina de Paulo Bessa funcionava até pouco tempo atrás.

querendo matá-la, como queima de arquivo. Acho que ela era PM; sua escrita era ruim e ela não tinha cultura para ser contratada pelo SNI.

Tudo foi acontecendo conforme o previsto. Cheguei ao hotel de manhã e a agente Tânia passou as novas instruções: deveríamos ir a um galpão para acabar de preparar a bomba e o carro. Era fora de São Paulo e ela me guiou até lá.

O galpão: esse lugar era conhecido entre nós e pertencia ao Jacaré,[132] agente civil do SNI, do coronel Perdigão em São Paulo. Corria a história de uma impressão falsa de um jornal de grande circulação, *O Globo* ou *Jornal do Brasil*, porque os militares precisavam espalhar uma notícia. O jornal clonado ficou idêntico ao verdadeiro. A montagem foi feita nesse galpão. Havia também uns panfletos mostrando o general Golbery enforcado, acusavam-no de traidor, usavam nomes pejorativos. Lembro-me agora, ao olhar a foto que mostra a farsa do enforcamento do jornalista Vladimir Herzog, que é a mesma foto do general, ou seja, colocaram o rosto do Golbery no lugar do rosto do Herzog. O comandante Vieira foi quem desenhou esses panfletos. Eles devem ter sido impressos e estocados lá.

Todo o explosivo de que eu precisava para a ação já estava disponível; eu havia recebido o material na sauna ao lado do Angu do Gomes. Montei a bomba com um despertador como gatilho, guardei no porta-malas do carro e fui para o estacionamento do jornal *O Estado de S. Paulo*. Parei o Voyage com a traseira virada para o prédio.

---

[132] Codinome de um agente da repressão ainda não identificado.

O Professor me orientou especificamente nesse caso para aumentar a potência da bomba. Usei um botijão de gás, um quilo de C4 na boca do botijão, e coloquei uma espoleta elétrica para funcionar como descarga do positivo com o negativo. O despertador marcava a hora e liguei os fios nos ponteiros. Quando estes se encontrassem, fechariam os dois pontos, o positivo e o negativo. Os ponteiros acionariam a espoleta e a descarga elétrica faria a espoleta explodir o C4.

O prédio do jornal era grande. Ao lado, havia um viaduto na marginal, onde eu fiquei esperando o momento da explosão. Saiu foto na edição do *Estadão* no dia seguinte ao atentado. Outro jornal de São Paulo publicou uma foto mostrando a altura do fogo.

Tive o cuidado de preparar a bomba com o mesmo tipo de explosivo que o pessoal de Cuba usava, que era para ficar caracterizado que a autoria era da esquerda.

Ao parar o carro no estacionamento do jornal, eu e a agente Tânia saímos abraçados, como se fôssemos namorados. Entramos num carro da prefeitura de São Paulo que nos dava cobertura, guiado por um parceiro de Tânia. Fomos para o viaduto e de lá ficamos observando, para ver se alguém encostaria no carro. Ninguém apareceu. Aí aconteceu a explosão, foi aquele fogaréu. O fogo subiu. Houve danos, a parede queimou toda. O governo atribuiu o atentado à esquerda, mas alguns órgãos de imprensa já alertavam que poderia ser de autoria de grupos militares descontentes com o processo de abertura.

Perdigão e Vieira queriam explodir o *Jornal do Brasil*

Perdigão e Vieira decidiram então que era a vez do *Jornal do Brasil*, no Rio de Janeiro.

Eles já tinham parte do planejamento e da operação engatilhada, mas ainda assim me pediram ajuda para organizar tudo.

Um grupo de cubanos estava no Brasil, infiltrado por um "cachorro", nosso agente na esquerda, que os hospedou no Hotel Apa, na rua República do Peru, em Copacabana.

A ideia de Perdigão e de Vieira era levar os cubanos para dentro do *Jornal do Brasil*. A missão que me delegaram era explodir o prédio de uma maneira que ficasse claro para a sociedade que a culpa era dos cubanos, que fizeram malfeito e acabaram morrendo acidentalmente.

Para operacionalizar o atentado, Augusto, ex-policial federal e irmão do dono do restaurante Angu do Gomes, me colocou em contato com um empresário, dono de uma transportadora especializada em cargas de explosivos.

O escritório dele ficava na Praça Mauá, no Centro. Combinamos com esse empresário[133] que roubaríamos um de seus caminhões, cheio de explosivos, de uma indústria localizada perto da Rodovia Presidente Dutra, a Presidente Vargas, que hoje é da Imbel, e fica entre o Rio e São Paulo, na cidade de Piquete. A fábrica produzia explosivos para o Exército.

---

[133] Não foi possível identificar ainda o empresário envolvido nesse episódio.

Fizemos vários levantamentos da região e chegamos à conclusão de que o local ideal para a abordagem era Resende, já no Rio de Janeiro. Uma tonelada de explosivos! Deixaríamos o motorista vivo, mas os cubanos estariam nocauteados e iriam morrer dentro do caminhão.

O empresário me passaria o horário de saída do caminhão. Depois, já sob nosso controle, o veículo seguiria até o prédio do jornal. Lá, eu colocaria o dispositivo dentro dele e o acionaria de fora.

Os cubanos não morreriam na explosão. O combinado é que eles já seriam colocados mortos no interior do prédio.

Era muito explosivo! Não ia destruir apenas o *Jornal do Brasil*, não. Destruiria toda aquela área.

Não aconteceu.

Numa das reuniões preparatórias, no Angu do Gomes, doutor Ney chegou de Brasília com uma advertência do Golbery. Ele tinha descoberto nosso planejamento e mandava avisar que se o atentado acontecesse, ele prenderia todo mundo.

Já estávamos fracos e divididos, alguém nosso deve ter passado a informação. Doutor Ney estava do nosso lado, era da linha-dura, apenas foi incumbido de dar o recado do Golbery.

Na época, Perdigão e Vieira estavam com a ideia também de jogar granadas incendiárias sobre os navios do porto, para culpar a esquerda.

A EXPLOSÃO NO JORNAL *A TRIBUNA*, DE VITÓRIA

Era véspera da visita do general João Baptista Figueiredo a Vitória. Eu idealizei a explosão e a executei.

Escalei para a missão um grupo de policiais do Espírito Santo: Paulo Jorge, conhecido como Pejota, Jair e Rebouças.[134] Eles roubaram a dinamite no paiol da Vale, em Vila Velha, de forma a sugerir que era uma ação da esquerda. Montei o dispositivo com um despertador, para ser acionado quando estivéssemos longe.

Era madrugada. A noite estava meio chuvosa. Entramos na parte de arquivos do prédio da *Tribuna*[135] sem nenhuma dificuldade, já que o guarda estava dormindo. Levamos o artefato e saímos. Ficamos de longe, observando. Estragou bastante, mas o jornal funciona no mesmo prédio até hoje.

JORNAL DA CIDADE

A bomba no *Jornal da Cidade* não era para destruir muita coisa. Foi colocada na entrada da sede e fez somente estrago material, não era para fazer vítima. Apenas um passarinho morreu. Na verdade, a intenção era só a de gerar fato político.

---

[134] Rebouças: não foi identificado.
[135] Segundo o livro *165 anos de jornalismo no Espírito Santo*, no dia 25 de maio de 1981, entre 2h10 e 2h30 da madrugada, o jornal *A Tribuna* foi vítima de um atentado.

Atentado à casa de Roberto Marinho[136]

O atentado à casa de Roberto Marinho não fez parte da linha de ação idealizada na reunião do Hotel Glória, que tinha como objetivo atingir veículos de imprensa que não compactuavam com o regime político.

A bomba que explodiu na casa do dono das Organizações Globo foi, na verdade, parte de uma estratégia formulada por ele mesmo – Roberto Marinho.[137] Foi simulado.[138] A ordem partiu do coronel Perdigão, e eu mesmo coloquei a bomba, mas tudo foi feito a pedido do empre-

---

[136] Ver recorte de jornal nos Anexos.
[137] De acordo com o noticiário da época, em setembro de 1976, uma bomba explodiu no telhado da casa do jornalista Roberto Marinho, presidente das Organizações Globo. O atentado, no elegante bairro do Cosme Velho, no Rio de Janeiro, foi reivindicado pela Aliança Anticomunista Brasileira.
O site Memória Globo, das Organizações Globo, diz que a bomba explodiu no telhado da casa do empresário. O então diretor do jornal, Evandro Carlos de Andrade, conta, em *Eles mudaram a imprensa*, que o atentado foi chefiado pelo jornalista Emiliano Castor, que cobria o setor militar e que havia sido demitido da equipe do jornal. O jornalista Elio Gaspari afirma, em seu livro *A ditadura encurralada*, que a bomba explodiu no quintal da casa. Cláudio Guerra foi confrontado com todas essas informações e disse que o seu relato é o verdadeiro, que não conhecia Emiliano Castor e que ele não participou dessa ação, embora tenha ouvido, depois, comentários sobre essa versão. Guerra informou ainda que nunca soube do ferimento do copeiro da casa e disse não acreditar muito nisso. A Rede Globo de Televisão foi censurada e não pôde noticiar o caso. Ver Anexos.
[138] O fato ocorreu no mesmo dia do sequestro do bispo de Nova Iguaçu, Dom Adriano Hypólito.

sário, para não complicá-lo com os outros veículos de comunicação, para se defender da desconfiança de suas relações com os militares. Para todo mundo ele foi a vítima.

Roberto Marinho estava ficando muito visado pela esquerda e pela própria imprensa. Achavam que ele apoiava a ditadura.

E tudo foi feito. Meu grupo seguiu para a casa do Cosme Velho em dois carros descaracterizados, um somente para a cobertura, para me dar fuga após a explosão. Comigo estavam o sargento Jair, um tenente da Brigada de Niterói, do qual não me recordo o sobrenome, e o Zé do Ganho,[139] de São Gonçalo. Era uma operação simples. Entramos com facilidade na casa; o SNI tinha recursos técnicos para isso e não havia aparato de segurança, já que foi uma coisa combinada, com dia e hora marcados. Coloquei o artefato numa parede externa, lateral, na varanda perto do quarto, uma carga bem pequena de TNT.

Usei aquela em tijolinho, a C4, que é mais potente que dinamite. Já estava do lado de fora quando, por controle elétrico, detonei a bomba. Sabia que não haveria ninguém em casa.

A EXPLOSÃO DA TV FLUMINENSE[140]

Na explosão da TV Fluminense, em Campos, eu estava acompanhado do Professor e de João Bala. A emis-

---
[139] Zé do Ganho, policial civil cujo nome verdadeiro não foi identificado.
[140] Ver Anexos.

sora, disseram, estaria prejudicando os usineiros locais. Não sei como, mas eu recebia ordens e as cumpria.

Usamos um veículo da Secretaria de Segurança do Rio para esse serviço, um Opala branco, de chapa fria.

A emissora ficava bem na saída de Campos para o Rio de Janeiro. Perdigão fez questão de organizar a explosão. A bomba foi colocada na parte externa do prédio, na entrada, à noite, e não houve vítimas.

O Opala branco foi visto e o pessoal do DGIE andou desconfiando de mim. Andaram perguntando, mas não sabiam que eu era agente do SNI, não sabiam de minhas ligações com Perdigão.

Explosão no transporte aquaviário em Vitória[141]

Depois da explosão de *A Tribuna*, em Vitória, achei arriscado mandar roubar novamente o depósito da Vale. Dessa vez, os explosivos vieram do Ponto Zero, no Rio de Janeiro. No Espírito Santo, o estado não fornecia.

Os explosivos foram usados no *Jornal da Cidade* e em duas lanchas do transporte aquaviário da baía de Vitória, entre a capital e Vila Velha. Coloquei o dispositivo numa lancha e, ao afundá-la numa explosão, uma segunda embarcação afundou junto. Estavam amarradas.

---

[141] Ver Anexos.

Tentativa de explosão na Câmara de Vereadores de Vitória

Na Câmara de Vereadores, por causa do modo arcaico de manusear a bomba, ela não explodiu. Não sei se eu não dobrei direito...

A bomba estava numa maleta que ficou lá, cheia de impressão digital. Se quisessem descobrir... A maleta foi encontrada; se assustaram, porque outras bombas tinham explodido antes, mas a Polícia Federal abafou o caso.

Na Assembleia Legislativa do Espírito Santo, no entanto, foi só para tumultuar, de sacanagem; mandamos uma carta-bomba sem o explosivo. Quando a carta chegou, teve deputado saindo pela janela, um auê danado. Isso foi noticiado pela imprensa.

A bomba no Riocentro[142]

Participei do atentado ao Riocentro e fiz parte das várias equipes que tentaram provocar aquela que seria a maior tragédia, o grande golpe contra o projeto de abertura democrática. No comando estavam os mesmos oficiais de sempre: coronel Perdigão, comandante Vieira, coronel Carlos Alberto Brilhante Ustra.

A ideia era causar enorme repercussão, pois muita gente ia morrer naquele dia, inclusive do meio artístico.[143]

---

[142] Ver Anexos.
[143] No dia 30 de abril de 1981, milhares de pessoas foram assistir às apresentações de Alceu Valença, Angela Rô Rô, Beth Carva-

A missão da minha equipe era prender os "responsáveis" pelo atentado. O evento era organizado pelo Cebrade,[144] uma organização de esquerda que acusávamos de financiar atentados terroristas. Fui para lá com uma lista de nomes de esquerdistas que seriam responsabilizados. Mas naquele dia tudo deu errado.

O capitão Wilson Machado cometeu um erro infantil – ele não era especialista em explosivos; o sargento Rosário, sim. Aquele erro acabou provocando muito impacto na vida política nacional, mas não da maneira que pretendíamos. O nosso objetivo sempre foi tumultuar o processo de redemocratização do país.

O destino daquela bomba era o palco. Tratava-se de um artefato de grande poder destruidor. O efeito da carga explosiva no ambiente festivo, onde deveriam se apresentar uns oitenta artistas famosos, seria devastador por ter espaço para se propagar. A expansão da explosão e a onda de pânico dentro do Riocentro gerariam consequências desastrosas. Era evidente que muitas pessoas morreriam pisoteadas. Era para ter sido uma tragédia de proporções gigantescas, com repercussão internacio-

---

lho, Cauby Peixoto, Elba Ramalho, Djavan, Gonzaguinha, Joana, João Bosco, Ney Matogrosso, entre outros, para comemorar o Dia do Trabalho, no Riocentro, centro de convenções localizado na Barra da Tijuca, no Rio de Janeiro. Ver Anexos.

[144] O Cebrade foi fundado em 1978 por iniciativa do arquiteto comunista Oscar Niemeyer, do editor Ênio Silveira e do historiador Sérgio Buarque de Holanda, pai de Chico Buarque, que era responsável, junto com outro esquerdista e homem de teatro, Fernando Peixoto – morto em janeiro de 2012 –, pelo roteiro do encontro.

nal. O objetivo era esse mesmo. Mas, quando a bomba explodiu no carro[145] fechado, o corpo do sargento absorveu todo o impacto e o efeito destruidor não se multiplicou.

Eu estava lá, e sei o que ocorreu. Sei o que estava programado para acontecer e não aconteceu. Olhando para trás, posso dizer que aquele fim de tarde, início de noite, foi um divisor de águas em vários aspectos de minha vida.

Aquela bomba era uma das três que deveriam explodir no show. O capitão Wilson estacionou o veículo embaixo de um fio de alta tensão e a carga elétrica desse fio, a energia que passava em cima do Puma, fechou o circuito da bomba, provocando a explosão. O erro foi do capitão. Recentemente alguém me perguntou se não teria sido o metal do relógio de um dos dois, mas não foi.

Eu era especialista em explosivos e este foi o meu diagnóstico: o fio de alta tensão provocou a explosão. Esse foi o consenso na comunidade de informações, clandestina, entre os oficiais que estavam por trás do episódio.

---

[145] O carro era um Puma, onde estavam o sargento paraquedista Guilherme Pereira do Rosário e o capitão paraquedista, também do Exército, Wilson Luís Chaves Machado. O sargento morreu na hora. O capitão escapou e está vivo até hoje. Ambos serviam ao DOI-Codi do 1º Exército. Pouco depois desse episódio, o capitão Wilson foi nomeado instrutor do Curso de Preparação de Oficiais da Reserva e continuou a progredir na carreira militar: de capitão a major, de major a tenente-coronel, de tenente-coronel a coronel. Ele reside em Brasília e nunca se pronunciou sobre a sua participação no atentado ao Riocentro. Ver Anexos.

Sem ser especialista em bombas e estacionando no lugar errado, o capitão Wilson pôs tudo a perder. Não sei se eu perceberia também esse fio de alta tensão. Às vezes o imponderável muda tudo, atrapalha os planos. Foi o que aconteceu.

O sargento Rosário era um especialista em explosivos. Muito ativo e experiente, foi responsável por vários atentados. Foi ele quem preparou a carta-bomba que explodiu na OAB.[146] Esse episódio nunca foi totalmente esclarecido porque o delegado Cláudio Barrouin,[147] da Polícia Federal, desviou as investigações, arranjando um "laranja" para ser acusado do crime.

Por que o sargento deixou isso acontecer? Só posso deduzir que ele não percebeu onde o capitão havia estacionado. E essa sucessão de falhas frustrou um atentado que tinha sido meticulosamente planejado pela inteligência do DOI-Codi.

O sargento e o capitão faziam parte, assim como eu e minha equipe, de um grupo de militares e policiais da comunidade de informações que se dispunha a provocar aquele que seria o episódio mais sangrento da nossa história recente.

---

[146] Cláudio Guerra afirma categoricamente que o sargento Guilherme Pereira do Rosário foi o autor do atentado na OAB, reforçando suspeitas antigas já relatadas em reportagens. Ver Anexos.

[147] O delegado Barrouin participou também da famosa Operação Mosaico, no dia 10 de fevereiro de 1988, que enfrentou o Comando Vermelho, prendeu vários traficantes e matou Toninho Turco, conhecido como "Rei do Pó", com quatro tiros de metralhadora. Ver Anexos.

Estávamos distribuídos em várias equipes, com missões específicas, tudo bem planejado pelos oficiais. A coordenação, feita pelo pessoal da inteligência, tinha mandado suspender todos os serviços de apoio do Riocentro, incluindo o policiamento militar e a assistência médica, para que não houvesse socorro imediato às vítimas. Até as portas de saída foram trancadas. A ideia era provocar pânico e morte lá dentro.

Estávamos sob a orientação dos militares que não aceitavam a abertura política. Os oficiais, com os quais eu tinha ligação forte e direta, me contaram que foi o coronel Nilton Cerqueira,[148] comandante da Polícia Militar do Rio de Janeiro na época, quem deu o telefonema de Brasília, diretamente do gabinete do ministro do Exército,[149] para suspender o policiamento no Riocentro.

Por ordem do coronel Perdigão e do comandante Vieira, Mário Viana, um policial civil conhecido como Mineiro,[150] recrutou pessoas para pichar as placas de trânsito perto do Riocentro com as siglas de um gru-

---

[148] Coronel Nilton Cerqueira.
[149] O ministro do Exército da época, general Walter Pires de Carvalho e Albuquerque, era amigo pessoal do presidente da República, general João Baptista Figueiredo.
Por causa disso, é improvável que o telefonema tenha sido dado do gabinete do ministro ou com o conhecimento dele. O ministro, até prova em contrário, apoiava o projeto político de abertura de seu amigo Figueiredo. Ver Anexos.
[150] Mineiro, ou Mário Viana, está vivo até hoje. Existem dois policiais com esse codinome, um no Rio de Janeiro e outro em São Paulo. Mário Viana é do Rio.

po comunista de guerrilha.[151] O atentado começou aí. Hoje, Mineiro está na inteligência da polícia e combate o crime organizado. Ele tem um coração maravilhoso e apenas cumpria ordens de seus superiores, não tinha escolha.

O coronel Carlos Alberto Brilhante Ustra,[152] muito respeitado entre nós, veio de Brasília para acompanhar o atentado. O coronel Freddie Perdigão também estava no Riocentro. Ele e Ustra eram muito amigos, parceiros mesmo, atuavam sempre juntos. Eles tinham uma ligação de irmãos, havia lealdade, se comunicavam sempre; Perdigão costumava me dizer que havia poucos caras com a disposição de Ustra para combater o comunismo.

O comandante Vieira também compareceu ao local. Ou seja, devido à importância do atentado, todos os comandantes operacionais estavam por perto.

A imprensa tinha sido avisada do que aconteceria. Isso era de praxe quando algum atentado ia acontecer. Alguém era destacado para ligar e avisar, como se esti-

---

[151] A revista *Veja* de maio de 1981 apurou que painéis de propaganda no Riocentro foram pichados com a sigla VPR, na tentativa de atribuir o atentado à extinta Vanguarda Popular Revolucionária, organização terrorista de esquerda liquidada em 1973 pelos órgãos de segurança. A Vanguarda Armada Revolucionária Palmares (VAR-Palmares) surgiu em julho de 1969 como resultado da fusão do Comando de Libertação Nacional (Colina) com a Vanguarda Popular Revolucionária (VPR) de Carlos Lamarca. Na VAR-Palmares militou a atual presidente do Brasil, Dilma Rousseff, presa e torturada pelos militares em janeiro de 1970.
[152] Ver mais sobre Ustra em outros capítulos.

vesse denunciando, mas era mesmo para garantir a cobertura do evento.

Tínhamos também nossos esquemas com alguns jornalistas e órgãos de imprensa.[153] Um dos que ajudavam na divulgação de notícias de interesse dos militares era Tarlis Batista,[154] da *Manchete*, um jornalista respeitado na época. O serviço era remunerado e ele recebia benefícios dos coronéis para isso. Ele estava sempre nas reuniões do Angu do Gomes e da sauna. Era o cara que levava notícias, passava outras para os colegas, fazia o que a comunidade de informações queria. Tarlis era conhecido de Perdigão, convivia com os coronéis e era amigo de longa data de Augusto, o dono da sauna.

O objetivo das bombas no Riocentro, repito, era provocar uma grande tragédia e responsabilizar os comunistas. Os militares acreditavam que, assim, a sociedade se revoltaria contra a esquerda e a abertura política perderia o apoio da população. O atentado também serviria de recado para mostrar os perigos da abertura aos militares simpáticos a ela, especialmente os seguidores do chefe da Casa Civil, general Golbery do Couto e Silva.

Eu trabalhava para o SNI. Oficialmente, eu era lotado no DGIE – Departamento Geral de Investigações Especiais –, órgão encarregado de fazer as perícias nos

---

[153] Segundo a revista *Veja* de maio de 1981, pouco mais de uma hora após o início do show as redações dos jornais do Rio receberam um telefonema. Uma voz masculina informava que o atentado seria realizado por um certo "Comando Delta", decidido a acabar com a manifestação subversiva em andamento no Riocentro.

[154] Ver nota completa sobre Tarlis Batista nos Anexos.

locais de bombas. Tinha carteira do DGIE, mas originalmente era do DOPS do Espírito Santo.

A minha participação efetiva ocorreria logo após o atentado. Eu faria a perícia do local destruído pela bomba com a equipe do DGIE – havia cerca de vinte agentes comigo – e prenderia as pessoas que o coronel Perdigão havia anteriormente indicado. Fui para lá com a lista de nomes, principalmente de integrantes da VAR-Palmares.

Como estava esperando o momento de entrar em cena, pude observar tudo, e acompanhei, à distância, o serviço dos militares e policiais desde o momento em que saíram do batalhão da rua Barão de Mesquita, em vários carros, até a explosão inesperada. Antes de chegar ao Riocentro, eles pararam no restaurante Cabana da Serra,[155] na avenida Menezes Cortes, ou estrada Grajaú-Jacarepaguá, como é mais conhecida.[156]

No restaurante, pegaram o mapa e o abriram em cima da mesa. O dono do lugar viu tudo, se ele quiser falar, ele sabe, ele viu a reunião. Existia um sentimento de impunidade entre nós, porque fizemos a coisa ostensivamente, sem preocupações com eventuais testemunhas.

Quando se firmava a decisão quanto à realização de um atentado, a tarefa era dividida entre as equipes

---

[155] O restaurante Cabana da Serra não existe mais. No local, abriram o Gol na Serra.
[156] O carro onde estava a bomba que mais tarde explodiria no Riocentro – um Puma cinza metálico – foi visto na tarde do mesmo dia no restaurante, parado junto a outros seis, segundo vários relatos da imprensa.

que executavam e as que observavam. Mas não havia confiança entre elas; ao contrário, existia ciúme e desconfiança. A equipe que observava fazia relatórios sobre erros e acertos e supervisionava, até corrigia alguns tropeços ou orientava a desinformação, o que, no caso do Riocentro, foi fundamental.

Eu sabia que, se dependesse apenas da vontade do coronel Perdigão e do comandante Vieira, nós é que teríamos sido escalados para executar o atentado. Nós, os civis, que atuávamos secretamente sob o comando desses oficiais ligados ao SNI. Mas houve ciúme dos militares, um veto por parte de um general – não lembro o nome dele –, que não queria que civis cumprissem a missão, mas, sim, militares da ativa. Nós todos que estávamos lá, no Riocentro, nos conhecíamos de vista, embora atuássemos em áreas diferentes.

Meu grupo era formado por policiais civis, muitos ainda na ativa, como Ricardo Wilke,[157] que pertencia ao DGIE. Lembro-me bem dele. Anos mais tarde, tivemos o mesmo advogado, Michel Assef, ex-vice-presidente jurídico do Flamengo. Wilke era muito ligado ao Paladino, andavam sempre juntos. Paladino, este era o nome de guerra dele, acho, e também o sobrenome, era policial civil e, nos cursos que tínhamos no Campo dos Afonsos, mostrou-se um exímio atirador de 45. Estava conosco também o Mineiro. Todos especialistas em explosivos.

---

[157] Ricardo Wilke foi investigado pela CPI do Narcotráfico da Câmara dos Deputados em 2000 e chegou a ser preso logo após seu depoimento no Rio de Janeiro, mas depois foi colocado em disponibilidade pelo governador Garotinho.

Fizemos juntos um curso sobre explosivos no Ponto Zero, batalhão da PM que fica em Campo Grande, no Rio de Janeiro, e que depois se transformou numa prisão especial para policiais civis e advogados. O treinamento prático era realizado numa mata, a caminho de Teresópolis.

Mais tarde, no Espírito Santo, numa propriedade em Cariacica, município da Grande Vitória, eu preparava policiais para o Grupo de Operações Especiais da polícia civil – GOE –, uma tropa de elite para combater o crime criada no governo Max Mauro.

Nessa época cheguei a ter um grupo de uns vinte oficiais, PMs especialistas em ações violentas e em explosivos, à minha disposição. Os órgãos de informação estavam preparando um grupo especializado em bombas. Um dos instrutores era o mesmo que esteve comigo em Luanda, Sérgio Farjalla,[158] que perdeu o braço direito num acidente com bomba no início dos anos 1980.

A minha equipe para o Riocentro foi escolhida pelo coronel Perdigão. Eu conto tudo isso para que tenham ideia sobre como funcionava a famosa comunidade de informações – ela tinha muitas ramificações. Esses meus companheiros se envolveriam depois numa ação policial famosa e polêmica com a Falange Vermelha. Como

---

[158] Sérgio Farjalla, hoje especialista em efeitos especiais, com trabalhos inclusive para a TV Globo, acompanhou Cláudio Guerra na operação para explodir a Rádio Nacional de Angola. Seu outro parceiro nessa operação na África, o procurador do Rio de Janeiro, ainda não foi identificado.

policiais do então DGIE, após investigações, entraram no Conjunto dos Bancários, na Ilha do Governador, no Rio, provocando um tiroteio de mais de dez horas.

A Falange, a primeira organização criminosa do Rio, que se transformou depois no Comando Vermelho, aprendeu sobre luta armada urbana com os presos políticos, na Ilha Grande. Vejam como as coisas foram se misturando com o tempo!

Enfim, estávamos todos lá e a nossa missão era prender esquerdistas, que seriam responsabilizados pelo atentado e pelas mortes no Riocentro. E foi aí que aconteceu o erro do capitão Wilson e a explosão. A imprensa chegou, procurou por outras bombas dentro do Puma, mas não achou. Eram três no total e tinham sido levadas ao Riocentro em carros diferentes, cada um com uma bomba, com equipes distintas para instalá-las. Eu me lembro do nome de um dos chefe dessas equipes, o Pinna.[159] Estava lá também o agente Guarani, então sargento paraquedista Magno Cantarino Motta, grande parceiro do Rosário.

---

[159] Wilson Monteiro Pinna é capitão da reserva do Exército. O seu nome estava na agenda do sargento Rosário, escrito a mão, ao lado do número 3502043, provavelmente o seu telefone.
Pinna era conhecido como tenente Emerson, um dos mais influentes agentes do DOI do 1º Exército – RJ. Em 1982 foi agraciado com a Medalha do Pacificador pelo ministro do Exército, general Walter Pires, por atos de bravura de 1974 a 1976 e em 1979.
Em 2009 foi exonerado de um cargo comissionado na Assessoria de Inteligência da Agência Nacional do Petróleo (ANP), após ter sido acusado pelo Polícia Federal como autor de um falso dossiê contra o então diretor do órgão, Victor de Souza Martins, irmão de Franklin Martins, então ministro da Comunicação Social.

Como eram três bombas, as outras duas seriam colocadas em locais estratégicos para atingir um grande número de pessoas. Um massacre, era o planejado. O negócio ia ser feio.

Quando o Puma explodiu, estávamos por perto. Foi... barata voa, foi meio doido, foi alto pra caramba!

O pessoal que estava dando cobertura, somente militares, passada a confusão inicial providenciou o socorro. A confusão era geral mas eles conseguiram pegar o capitão – que estava meio atordoado, com as tripas nas mãos – escondê-lo e controlar a situação.

Isso demorou uns quarenta minutos. Como já disse, eles mesmos haviam mandado tirar a assistência médica do local, para não dar socorro às vítimas. O capitão foi macho e é macho até hoje, nunca abriu o bico, e isso foi fundamental para o controle da situação.[160]

Depois tivemos de fazer relatórios, pois era preciso dar uma versão plausível sobre o que tinha acontecido; os coronéis iriam precisar deles. Outro grupo do DGIE fez a perícia, mas ela não foi usada para indicar autores, como havia sido previsto, mas para esconder as provas. Tanto é que até hoje não há nenhuma prova cabal do que realmente aconteceu no Riocentro.

O fracasso desse atentado mudou para sempre a minha relação com o DOI-Codi. O meu pessoal ganhou prestígio com o centro de inteligência e os oficiais que estavam tentando sabotar a abertura política. Eu passei a coordenar pessoalmente os atentados a bomba idealizados por eles.

---

[160] Ver Anexos.

A AGENDA DO SARGENTO ROSÁRIO

Cláudio Guerra tem muitas dúvidas, mas também muitas certezas, sobre os nomes que aparecem na agenda do sargento Rosário, morto no Riocentro. Ele afirma que é necessário ver as fotos e ler as pesquisas para não cometer impropriedades e injustiças.

Como sempre digo, muitos anos se passaram. Dos nomes que vocês estão relacionando, posso dizer o seguinte, agora, sobre o que lembro:

CORONEL PERDIGÃO – Foi um dos comandantes da operação do atentado ao Riocentro.

GILBERTO CORRALES – Lembro-me do sítio do marceneiro Corrales. Não o frequentei, mas sabia dele. Ali eram preparadas muitas bombas. Corrales sempre me pareceu ser também meio parente do sargento Rosário; eles se tratavam como tal. Ele não era especialista em bombas, apenas fornecia o local.

As minhas bombas não eram preparadas ali, mas em outro lugar, depois de Niterói, não me lembro mais do nome, mas sei ir até lá. Não sei quem era o dono do lugar; sei apenas que não tem cadáver enterrado. Algumas bombas eram preparadas no Ponto Zero, batalhão da PM que fica em Campo Grande e que depois se transformou numa prisão especial para policiais civis e advogados.

GRAPIÚNA (DOI-BH) – Codinome do delegado Prata Neto.

AGENTE GUARANI – Sargento paraquedista Magno Cantarino Motta, parceiro do sargento Rosário. Estava na operação do Riocentro.

MARCELO ROMEIRO DA ROZA – Coronel do Exército. Fazia parte dos coronéis linha-dura. Parceiro do coronel Perdigão frequentava as reuniões do Angu do Gomes. Vocês têm de investigar a empresa Network, ver se entre os sócios figuram o coronel Perdigão e o comandante Vieira. A empresa do coronel, depois, passou a coordenar crimes de mando, na redemocratização. Ele me chamava de besta porque eu não queria ganhar dinheiro.
PINNA – Estava no comando de uma equipe que colocaria uma das três bombas no Riocentro.
CORONEL OTELO JOSÉ DA COSTA ORTIGA, sócio na Network – Outro companheiro do coronel Perdigão, também frequentava o Angu do Gomes.
WAGNER MONTES – Esse era o nosso homem na mídia em São Paulo. Quando perdeu a perna num acidente, o Fininho e o Mineiro, homens do Fleury, deram todo apoio a ele, tomaram suas dores, inclusive ajudando-o na questão das drogas. Eles me contaram que Wagner mexia muito com drogas; aliás, eles também. E me deram a impressão de que ele portava droga no dia do acidente.[161] Wagner, Joe, Fininho, Mineiro, todos homens de Fleury, eram inseparáveis. Eles me elegeram líder e me deram a insígnia do delegado, quando ele morreu. Tudo isso me foi narrado pelo próprio Mineiro. Estive com Wagner Montes várias vezes no

---

[161] O acidente foi provocado pelo próprio Wagner Montes, segundo o jornal *O Globo*, e ocorreu por volta de 1h40m, no dia 5 de novembro de 1981, pouco depois de Wagner ter saído do restaurante Pizza Palace, na rua Barão da Torre, em Ipanema. Ele viera horas antes de São Paulo e se preparava para ir a Cabo Frio cobrir o julgamento de Doca Street.

Baby Beef e no Don Curro, restaurantes de São Paulo. O dono do Don Curro era simpatizante do pessoal do Fleury e cooperava conosco. Outro que cooperava era Moacir Franco.[162]

SÉRGIO FARJALLA – Ele era muito bom em explosivos e estava na equipe que explodiu a Rádio Nacional de Angola.

NESTOR JOSÉ LEITE – Era da Scuderie Le Cocq.

HÉLIO BARRETO – Professor de química e ex-reitor da Universidade Federal Rural do Rio de Janeiro. O coronel Perdigão me dizia que ele preparava e ensinava a preparar substâncias que corroíam os corpos dos mortos da guerrilha.

CARLINHOS – Pesquisem se é o mesmo que levou um tiro no nariz na quadra da escola de samba Vila Isabel, quando esta funcionava na sede do América Futebol Clube. O tiro era para matá-lo, numa queima de arquivo, mas, depois, ele foi perdoado. Ele acabou como segurança da Galeria Alasca, em Copacabana. Se é o mesmo, foi ele quem despachou a carta-bomba, montada pelo sargento Rosário, que matou D. Lyda, na OAB. Geralmente, quem fazia a bomba não a despachava; no guichê dos Correios a pessoa poderia ser reconhecida. Eu tive essa informação dentro do serviço. O sargento Rosário não poderia ter despachado a bomba porque já era bastante conhecido.

PAULO E CELSO BENINGER – Da White Martins, uma das maiores financiadoras das nossas atividades contra a esquerda armada.

---

[162] Moacir Franco – ator, cantor e comediante brasileiro.

A TENTATIVA DE ASSASSINATO DE LEONEL BRIZOLA

O coronel Perdigão e o comandante Vieira me escalaram para matar Leonel Brizola. Não consigo precisar o mês em que isso aconteceu, mas foi entre a chegada dele do exílio no Uruguai, no final de 1979, e antes da demissão do chefe da Casa Civil, Golbery do Couto e Silva, no governo Figueiredo, em 1981.

Quero lembrar, mais uma vez, que a mim não eram dadas muitas informações e também não conversava sobre política com meus chefes na clandestinidade. Eu era apenas um operador confiável. Cumpria as missões que me ordenavam na área em que era especialista.

É evidente que pensava politicamente como eles, mas não era um intelectual, um político ou um conspirador. Era um operador do regime na clandestinidade, só sabia o necessário para cumprir minhas tarefas. Por isso, muitas vezes tenho dificuldade para precisar datas e locais.

Eu me lembro do boato de que Fidel Castro estava aborrecido por Brizola ter ficado com o dinheiro enviado por Cuba para financiar a guerrilha do Caparaó.[163] Os militares estimulavam esses boatos nos quartéis e entre nós. Com o retorno de Brizola, os comentários sobre o dinheiro de Fidel apareciam aqui e ali. E o atentado foi planejado para culpar os cubanos.

---

[163] A guerrilha do Caparaó foi o primeiro movimento de luta armada contra a ditadura militar. Alguns militantes do Movimento Nacionalista Revolucionário subiram a Serra do Caparaó, na divisa dos estados de Minas Gerais e Espírito Santo, mas foram denunciados pelos locais e presos. Ver Anexos.

O objetivo, como sempre, era tumultuar o processo de redemocratização do Brasil. Os militares também andavam muito aborrecidos com a Igreja Católica, que estava se alinhando à esquerda, pela abertura política.

Perdigão me explicou ainda que havia grandes divergências entre os militares linha-dura sobre a necessidade de matar Brizola. O interesse maior partia do Cenimar, órgão de informação da Marinha: o comandante Vieira queria Brizola morto, me disse Perdigão, e pediu para planejar o atentado.

Eu o idealizei e fui executar.

Brizola estava morando em Copacabana,[164] no Rio de Janeiro. Hospedei-me no Hotel Apa, na rua República do Peru.[165] Entrei no hotel com a camisa abotoada até em cima, com uma pastinha na mão, dentro dela, um revólver 45 (a arma preferida dos cubanos), e falando como um padre. Registrei-me como Reinaldo, meu codinome. Se o hotel tiver os registros dessa época, pode procurar que vai recuperar o dia em que isso ocorreu.

Tínhamos dezenas de carteiras de identidade da Secretaria de Segurança Pública do Estado com o nome em branco. Não lembro o sobrenome que usei nesse caso. Quando precisava incorporar um personagem para realizar uma missão, eles forneciam tudo: CPF, identidade, tudo.

---

[164] Edifício São Carlos do Pinhal, na avenida Atlântica 3.210, esquina com rua Xavier da Silveira, de frente para o mar de Copacabana.
[165] O hotel, que existe até hoje, fica a 1,4 quilômetro da residência de Brizola, na rua República do Peru, 305.

No quarto, vesti uma batina e desci levando minha pastinha. O objetivo era implicar a Igreja Católica – resolveríamos dois problemas de uma só vez – e envolver os cubanos, insatisfeitos com a suspeita do desvio da verba para a guerrilha do Caparaó; daí a arma calibre 45.

Andei até a rua Tonelero e subi na garupa de uma moto que estava esperando por mim. Quem dirigia era o tenente Molina,[166] um militar experiente, do Cenimar. Ele acabou indo lutar na África, como mercenário, mas retornou ao Brasil. Encontrei-o uns nove anos atrás e ele me disse que estava na Abin – Agência Brasileira de Inteligência –, que substituiu o SNI no governo civil anos depois.

Na cobertura da operação, mas de carro, estava o doutor Ney,[167] de Brasília. Ele observava para montar uma versão sobre o ocorrido.

O caminho até o prédio de Brizola foi rápido. Perguntei ao porteiro sobre um morador do prédio que já sabíamos que estaria viajando. Foi o álibi usado para justificar a minha presença – o SNI já nos dava o roteiro pronto, estavam muito avançados em termos de investigação.

O porteiro, se não morreu, pode se lembrar de ter conversado com um padre que chegou de motocicleta. Conversamos amenidades, ele estava lendo jornal e comentamos as notícias do dia.

O SNI tinha me passado a rotina de Brizola: ele saía todos os dias de casa no mesmo horário, um pouco antes do meio-dia. Só que, naquele dia, por algum motivo, ele não desceu.

---

[166] Não conseguimos identificar o tenente Molina.
[167] Ver perfil no capítulo "Os comandantes de Cláudio Guerra".

O tempo máximo que podia extrapolar o horário estipulado para a missão eram cinco, dez minutos; depois disso, a ordem era abortar o atentado. Passado esse tempo, fomos embora. O atentado não aconteceu.

Soube pelo Perdigão, que também estava acompanhando a operação nas redondezas, que as pessoas comentavam pelo bairro de Copacabana terem visto um padre na garupa de uma moto, e que tinham achado aquilo um tanto inusitado. Perdigão lamentou muito o padre não ter matado Brizola.

Dias depois, Perdigão e Vieira me mandaram cancelar de vez qualquer outra tentativa. A notícia havia vazado, chegara a Brasília e o general Golbery acabou com a história. Definitivamente, Perdigão e Vieira estavam em guerra declarada contra Golbery.

Brizola já havia sofrido uma tentativa de assassinato no Hotel Everest.[168] Embora não tenha tido a minha participação, posso afirmar que a bomba foi colocada por uma das equipes controladas pelo Perdigão. Éramos divididos em equipes que não se comunicavam, mas havia os comentários dos corredores lá no SNI. Diziam que o relógio havia sido programado errado, que deram um espaço muito maior do que o necessário.

Havia o interesse da comunidade de informações em eliminar Brizola, só que depois houve um retrocesso, uma

---

[168] Em 18 de janeiro de 1980, quatro meses depois de retornar do exílio, em 6 de setembro de 1979, pelo aeroporto de Foz do Iguaçu, uma bomba-relógio foi desativada no Hotel Everest, na rua Prudente de Moraes, em Ipanema, no dia em que lá estava hospedado Leonel Brizola. A bomba foi deixada na porta do apartamento onde ele se hospedara, segundo alguns relatos da época.

mudança. Eu não planejei mais nada, fiquei esperando receber novas ordens, mas elas nunca mais vieram.

A TENTATIVA DE ASSASSINATO DE FERNANDO GABEIRA

Perdigão era um sádico. Gostava de participar de sessões de tortura e matava friamente, por prazer. E estava obcecado, logo após a anistia, em eliminar Fernando Gabeira.[169]

Perdigão era um dos principais adversários da abertura democrática e da Lei da Anistia, que possibilitaram o retorno ao país dos exilados pelo regime militar. Passei a conviver com um Perdigão diferente nessa época, não mais frio e calculista, mas movido a ódio. Ele queria se vingar de Gabeira. Poucas pessoas sabem o que eu vou contar.

Demorei um tempo para entender o que estava acontecendo, existem dúvidas sobre o caso, mas eu acredito estar o mais perto da verdade. Perdigão acabou morrendo sem conseguir concretizar sua vingança.

Nessa época, eu era uma das pessoas mais próximas a ele. Estávamos envolvidos até o pescoço no planejamento de atentados e crimes políticos para tumultuar e impedir a abertura democrática.

Quando Fernando Gabeira retornou ao Brasil, imediatamente o coronel, transtornado, passou a falar mal

---

[169] Fernando Gabeira – jornalista e político brasileiro. Foi preso após o sequestro do embaixador americano Charles Elbrick e a seguir deportado, trocado pelo embaixador alemão Ehrenfried von Holleben. Ver nota completa nos Anexos.

dele, que era preciso eliminar de qualquer maneira o ex-guerrilheiro.

Perdigão sempre reclamou da perna. Anos antes havia levado um tiro na artéria femoral.[170] Escapar de um tiro desses é quase impossível. A perda sanguínea é volumosa e rápida, o choque se instala quase imediatamente, e ele não morreu por sorte. No tiroteio estava um médico que agiu com eficiência e o salvou. Mas a perna esquerda ficou muito feia, toda costurada, era quase uma perna biônica. Ele não se sentia confortável.

Algumas vezes ficamos em hotéis, no mesmo quarto, e conversávamos um pouco antes de dormir, embora ele fosse sempre muito reservado. No Hotel Alice, em Vitória, e no Hotel Maksoud Plaza, em São Paulo – lembro-me bem dessas noites.

A perna era costurada de cima a baixo e doía muito. Ele gostava do mar, mas não frequentava a praia normalmente, como todos nós. Só ia a praias desertas, sentia falta de nadar. O médico salvou a vida dele mas deixou para trás uma perna que afetou o seu comportamento social para sempre. Ele também reclamava que, por causa do tiro, a carreira dele tinha acabado, teve de se aposentar e não chegou a general.

Ele era um homem muito vaidoso. Naquela época não era comum homem fazer as unhas e limpeza de pele, mas ele fazia. E se vestia bem.

---

[170] A artéria femoral é continuação da ilíaca externa a partir do ligamento inguinal. Ela é responsável pela irrigação da maior parte da musculatura da coxa por meio de seus ramos.

No seu escritório no SNI, no Rio, tinha um pôster imenso com uma foto dele em frente ao Palácio das Laranjeiras, no dia da revolução, ao lado de Carlos Lacerda. Olhem a foto e vocês vão começar a entender a sua personalidade, vão começar a entender tudo o que aconteceu. Ele contava muita vantagem sobre aquela foto. "Olha como é que eu tinha cabelo", dizia, quando se soltava, entre pessoas em quem confiava. Nessa época eu saía muito com ele, que chegou a visitar a minha casa em Icaraí, Niterói, num aniversário meu.

Ele morava na Tijuca, certamente pela proximidade com a PE da rua Barão de Mesquita, mas nunca conheci sua família, sua casa, e, pelas conversas, parece que tinha uma filha.

Sei pouco sobre aquele tiroteio de 1970. Ele sempre dizia que quem tinha acertado o tiro na perna dele fora o Gabeira. Na comunidade de informações, todo mundo sabia disso. Sei que vocês pesquisaram e contestam essa informação, mas acho que o Gabeira poderia esclarecer essa história.[171]

Ele transferiu todo o ódio que tinha por causa da perna e do tiro para o Gabeira. Queria eliminá-lo.[172]

---

[171] Fernando Gabeira recebeu os autores deste livro e declarou que não deu tiro quando foi preso, reafirmando a versão do livro *O que é isso, companheiro*. Gabeira disse também que sua primeira mulher, já falecida, nunca falou sobre qualquer tiro no coronel Perdigão. Ele não consegue entender esse ódio relatado por Guerra; para ele não faz sentido. Gabeira nunca desconfiou que tivesse escapado de um atentado. Existem outras possibilidades de explicação para esse tiro.

[172] O jornalista Elio Gaspari afirma, na reportagem "A atualidade do Riocentro chama-se impunidade" para o *Jornal do Commer-*

Ele nunca levou tiro no peito. Levou um tiro na perna: "De 32, Guerra; de 32, Guerra", me disse um dia, revoltado por uma bala de pequeno calibre ter provocado tanto sofrimento. Assim que Gabeira voltou do exílio, em setembro de 1979, Perdigão começou a planejar sua vingança. Passou a seguir seus passos e conseguiu a informação de um voo que ele pegaria a partir do aeroporto de Congonhas, em São Paulo, para o Santos Dumont, no Rio de Janeiro.

Eu e Jacaré fomos escalados, pelo Perdigão, para colocar uma bomba nesse avião. Naquela época não havia fiscalização eficiente nos aeroportos. Chegamos a Congonhas, compramos o bilhete da ponte aérea na hora e íamos despachar a mala. Dentro dela estava o artefato. Pouco antes do check-in, o dispositivo com um tempo de 45 minutos foi acionado. Tínhamos dezenas de identidades, não me lembro o nome que usei nesse dia. Foi nessa hora que notamos os passageiros – um monte de crianças, de pessoas idosas. Não vi o Gabeira – Perdigão tinha me dado uma fotografia dele e tinha descrito como ele estaria vestido; Perdigão o estava monitorando. Não vi o Gabeira, mas vi as crianças e então decidimos abortar o atentado. Tínhamos uma regra informal na irmandade: evitar que crianças e velhos acabassem vítimas inocentes.

---

cio, em 24 de outubro de 1999, que Perdigão recebeu dois tiros, um na perna e outro no peito, numa barreira militar na Lagoa Rodrigo de Freitas, no Rio de Janeiro. Existem outras possíveis explicações para o tiro que mudou a vida do coronel Perdigão. Ver Anexos.

Retornamos, e ali mesmo, perto do check-in, entramos num banheiro e desativamos a bomba, deixando-a no local. Tirei também a espoleta e ligamos para o DEIC. Jacaré ligou para uma equipe policial que funcionava em Congonhas. Aquela operação não fazia parte da defesa do regime militar, não era contra a redemocratização do país. Era um capricho do Perdigão.

O artefato foi encontrado pela polícia e a ocorrência deve estar nos registros: "uma bomba foi encontrada no banheiro do aeroporto de Congonhas."[173]

Eu e Jacaré tivemos uma conversa com Perdigão; dissemos que aquela ação era uma loucura, que muitas pessoas morreriam, que era um absurdo. Ele ficou nervoso, tentou explicar a lógica, a repercussão que provocaria, mas não convenceu. Ele nunca mais tocou no assunto, disse que o tínhamos decepcionado.

A MORTE DE ALEXANDRE VON BAUMGARTEN

Vou contar o que sei e o que fiz na morte de Alexandre von Baumgarten.[174]

---

[173] Apesar de todos os esforços de investigação, não conseguimos até agora encontrar o registro oficial da existência de uma bomba num banheiro do aeroporto de Congonhas. Ver Anexos.
[174] Alexandre von Baumgarten foi um jornalista polêmico e influente no regime militar. Acabou assassinado num episódio famoso que ocupou o noticiário da época por várias semanas e até hoje gera controvérsias. Sua morte foi interpretada como queima de arquivo promovida pelos próprios militares linha-dura que perderam a confiança nele. Ver nota completa nos Anexos.

O coronel Perdigão e o comandante Vieira nos escalaram para executar a Operação Dragão,[175] assim batizada pelo próprio comandante.

Segundo nos informaram, a ordem de matar Baumgarten partiu do SNI de Brasília, mas não fazia parte da resistência ao processo de redemocratização do país. Ele ia morrer porque era um arquivo vivo. Baumgarten recebia dinheiro para apoiar o governo militar, por meio do seu trabalho na revista *O Cruzeiro*, mas, por várias razões, os militares perderam a confiança nele e decretaram a sua morte.

Baumgarten participou muito das nossas reuniões e frequentava a sauna e o Angu do Gomes. Por mais recursos que recebesse do governo, queria sempre mais e mais. A ambição o transformou num chantagista.

As reuniões de arrecadação de fundos promovidas por ele aconteciam em um apartamento de Copacabana. Os coronéis Ary Pereira de Carvalho e Ary de Aguiar Freire compareciam para definir as comissões.

O plano que nos foi passado era simular uma morte natural, com a aplicação de uma substância por meio de injeção. O corpo apareceria e a perícia apontaria como causa da morte um infarto comum.

Recebemos de Perdigão e de Vieira a substância que provocaria esse infarto. Segundo eles, o material foi fornecido pela Inglaterra e trazido ao Brasil por Jone Romaguera. Cerca de um mês antes do desaparecimento e morte de Baumgarten, eu e minha equipe tentamos

---

[175] Operação Dragão foi como ficou conhecido o sequestro, interrogatório e assassinato de Baumgarten.

apanhá-lo na rua para aplicar a injeção, simulando um assalto.

Paulo Jorge, Mário Viana (o Mineiro do Rio) e Zé do Ganho,[176] todos policiais civis da minha equipe, o abordaram e o imobilizaram. Anunciei o assalto, a injeção estava comigo, mas não consegui aplicar. Baumgarten reagiu, gritou que estava sendo assassinado e acabou atraindo a curiosidade e a atenção das pessoas que passavam.[177]

Juntou gente e, por isso, tivemos de abortar a operação. De lá fomos direto para o prédio do SNI e deixamos a injeção nas mãos do Perdigão.

Pouco depois, outra equipe usou uma injeção para eliminar um técnico da Telerj que trabalhava para o SNI grampeando telefones. Naquele tempo só havia duas técnicas de grampo. A primeira era manual – tinha que ir na caixa do telefone e colocar para gravar em gravadores enormes, tijolões, que usavam fita cassete. A outra maneira era fazer o grampo direto na linha; nesse caso, só os técnicos da Telerj tinham acesso.

E era assim que Heráclito Faffe,[178] o técnico da Telerj, trabalhava para o SNI. Gravando as conversas,

---

[176] Zé do Ganho, policial civil de São Gonçalo, Rio de Janeiro.
[177] De acordo com o noticiário da época, no fim de agosto de 1982, Alexandre von Baumgarten relatou a amigos que fora assaltado numa rua do Rio de Janeiro e, em vez de ferimentos a faca ou a bala, recebera uma picada de injeção, mas conseguiu segurar a seringa. Ver Anexos.
[178] No dia 3 de setembro de 1982, o noticiário informou que o técnico da Telerj Heráclito de Souza Faffe fora vítima de um assalto na avenida Atlântica e morreu no Hospital Miguel Couto, vítima de edema pulmonar. Ver Anexos.

Faffe descobriu o planejamento do assassinato de uma pessoa. Ele avisou e salvou a vítima, mas pagou o ato de heroísmo com a própria vida. Foi por isso que ele morreu.

Mais uma vez tentamos concluir a missão de apagar Baumgarten. Chegamos a invadir uma casa no centro do Rio que nos foi indicada, mas ele não estava; alguém deve ter informado e ele fugiu. A casa ficava na Esplanada do Castelo, onde aparentemente funcionava um escritório.[179]

A nossa equipe queria dar continuidade à operação, mas, depois dessa invasão malsucedida, fomos afastados. O coronel Perdigão nos informou que a Operação Dragão agora seria feita por militares. A justificativa para a substituição era a necessidade de um médico na equipe e eles escalariam um tenente-médico.

A partir daí, tudo o que eu sei me foi contado pelo Perdigão e pelo Vieira. Apanharam Baumgarten e a esposa, na região serrana do Rio, em Teresópolis. Eles estavam escondidos por lá, com medo. Ela ficou refém na serra e ele foi para a Polícia Federal, com o delegado Barrouin.[180] Depois de interrogá-lo e torturá-lo,

---

[179] No dossiê deixado por Baumgarten é citado um escritório, na avenida Churchill, que o coronel Ary de Aguiar Freire dizia ser do seu filho mas Baumgarten acreditava ser um aparelho do SNI. Segundo o dossiê, nesse escritório foram articuladas todas as indicações para a Secretaria de Segurança. O delegado Ivan Marques teria afirmado para a imprensa da época não ter dúvidas de que a casa era um aparelho do SNI.
[180] Cláudio Barrouin Mello foi delegado da Polícia Federal no Rio de Janeiro. Ficou conhecido ao comandar a Operação Mo-

levaram-no para alto-mar e o mataram. A necessidade de ter um médico na equipe era para fazer uma incisão no abdômen, para que o corpo ficasse no fundo do mar e não boiasse. Nas operações chefiadas pelo Cenimar, como nesse caso, os corpos eram jogados a cerca de dez milhas da costa. Um barco da Marinha era usado para isso e ficava atracado na Praça Quinze. O barco tinha um compartimento onde punham os corpos já preparados, com peso e tudo. Em alto-mar, abriam a comporta e os despachavam. Essa operação do Cenimar e o barco eram conhecidos de alguns de nós naquela época.

Antes que eu me esqueça: o médico que abriu a barriga do Baumgarten chamava-se Amílcar Lobo.[181] A única participação dele nesse assassinato foi a incisão, só que ele fez errado – ele não era do ramo. Lembro, como se fosse hoje, Perdigão e Vieira dizendo: "Cara, como o médico fez uma cagada dessa? O cara não podia aparecer; ele fez a incisão e o cara foi parar na praia!"

A equipe militar também era despreparada, tanto que o corpo apareceu. O curioso é que o corpo da mulher dele não foi encontrado.

---

saico, de combate ao crime organizado, em 1988, que culminou na morte de Toninho Turco. Foi vice-presidente do Sindicato dos Delegados Federais do Rio de Janeiro durante o triênio 1993/1996. Faleceu em janeiro de 1998.
[181] Amílcar Lobo, ex-médico e psicanalista que teve seu registro profissional cassado por participar de sessões de tortura durante o regime militar. Serviu ao DOI-Codi do Rio de Janeiro sob o codinome de doutor Carneiro.

Sobre isso existem duas versões:[182] primeiro me informaram que ela foi enterrada naquela casa do horror em Petrópolis; a outra versão é de que ela também foi jogada no mar.

O delegado Ivan Marques de Freitas seguia a investigação correta e quase desvendou esse caso, mas esbarrou com uma testemunha, conhecida como Jiló,[183] que o induziu ao erro. O delegado acreditou na pista falsa dada por ele, que disse ter visto o general Newton Cruz no local. Por esse único erro, o delegado se perdeu na investigação.

Não tinha como Jiló ter visto Newton Cruz na Praça 15 de Novembro, simplesmente porque o general não estava lá. Quem estava era o comandante Vieira.[184] Nem

---

[182] Cláudio Guerra acha que a mulher de Baumgarten foi enterrada na segunda Casa da Morte, a caminho de Petrópolis.

[183] Jiló – bailarino e guardador de carro chamado Cláudio Werner Polila, que virou celebridade da mídia na época dando vários depoimentos polêmicos.

[184] O primeiro delegado encarregado do inquérito policial sobre a morte de Baumgarten, João Kepler Fontenelle, recebeu, em março de 1983, da filha do jornalista a fita da secretária eletrônica do telefone da casa dele. Estavam gravadas duas ligações de um certo Vieira: uma para Baumgarten, outra para Jeanette, sua mulher. Os dois telefonemas terminam da mesma forma: "Ligue para o meu trabalho (240-0881). É para tratar do assunto dos policiais." O número era do SNI.

Em carta ao delegado, o chefe da agência central do SNI, general Newton Cruz, explica a relação do comandante Antônio Julio Vieira com Baumgarten. Segundo ele, Vieira contatou Baumgarten em setembro de 1980 para uma reportagem, na revista *O Cruzeiro*, a fim de melhorar a imagem da polícia. O coman-

semelhança física Vieira tinha com o general Newton Cruz. Jiló não viu nada.

A morte de Baumgarten interessava muito ao comandante Vieira. Tanto ele como Perdigão eram muito zelosos e costumavam acompanhar de perto as missões mais importantes. O general Newton Cruz sabia de tudo, era conivente com a operação, mas não se fazia presente nas execuções.

Mais tarde, prendi Jiló no Espírito Santo. Ele não acrescentou nada, falou que foi induzido a dar aquele depoimento, que "eles me pediram para falar isso". Mas é besteira, porque ele fala uma coisa aqui, outra coisa ali. Ele é irrelevante. Não batia bem da cabeça. Quando eu o prendi, liguei para o coronel Perdigão e perguntei se era para ele desaparecer. Perdigão disse: "Não, não, ele não vale nada, não..." Não tinha valor nenhum.

O JOGO DO BICHO E A REPRESSÃO

O processo de abertura política lenta e gradual implantado pelo general Ernesto Geisel acabou gerando desconforto nas nossas bases. Uma pergunta importante passou a incomodar líderes civis e militares: o que fazer com as dezenas de operadores que serviram ao Estado durante os anos de repressão?

A anistia ampla e irrestrita nos absolveu sumariamente dos crimes praticados, mas como nosso grupo

---

dante Vieira morreu em 17 de março de 2006 sem nunca ter sido suspeito de envolvimento nesse assassinato.

passaria a sobreviver? Nós, que éramos proprietários de uma enorme quantidade de armamentos e conhecedores de tantos segredos? Alguns, que se escondiam sob falsas identidades, acabaram incorporados à própria máquina governamental. Viraram servidores públicos. Outros tiveram sorte diferente. É nesse contexto que o pessoal responsável pelas operações mais perigosas foi absorvido em outras organizações, a maioria relacionada à contravenção.

A decadência dos aparelhos de combate ao comunismo coincide com o crescimento de organizações criminosas ligadas ao tráfico de drogas, à formação de milícias e principalmente ao jogo do bicho. O know-how conquistado com o aparato do Estado agora serviria ao submundo do crime organizado.

Quando o SNI já estava na decadência, me arrumaram um suporte financeiro, passei a ser ajudado pelo jogo do bicho. O trato feito no começo do processo de abertura era o seguinte: se eu ficasse em evidência, me mandariam para a academia de polícia ou para o exterior, como fizeram com os coronéis Ary Pereira de Carvalho e Ary de Aguiar Freire do caso Baumgarten.

Derrotados, porém, meus mentores não tinham mais instrumentos para cumprir o que haviam prometido. Mesmo assim não me deixaram na mão, e a maneira encontrada para me bancar nesse novo contexto foi viabilizar a minha entrada no jogo. O coronel Perdigão me levou para o esquema.

Fui apresentado a Castor de Andrade, que era o chefe dos bicheiros, o mais importante de todos. O jogo funcionava na rua da Alfândega, 10. O lugar era pura ostentação, até as torneiras do banheiro eram de ouro. As reuniões eram frequentadas por autoridades, políticos, deputados, gente importante.

A relação entre Castor e as Forças Armadas era tão próxima que ele tinha até uma credencial do Cenimar. Ele gostava de usá-la para dizer que era agente, oficial da reserva. Ele era atrevido. Mas existia, de fato, colaboração entre o SNI e o jogo.

A partir daí, figurei como chefe de segurança de todos os bicheiros do Rio de Janeiro. O esquema era vantajoso, pagava bem. Nessa função, passei um tempo no Rio e adquiri conhecimento profundo sobre o funcionamento do jogo.

Quando voltei a Vitória, virei empresário. Comprei uma parte das bancas do Zé Carlos Gratz,[185] comecei a receber como sócio, o que me trouxe excelentes rendimentos.

Na minha despedida do Rio, fiz questão de manifestar minha gratidão a Castor de Andrade. Disse para ele: "Estou voltando para Vitória, você me ajudou quando precisei, isso nunca será esquecido." Ficou a amizade entre nós dois. Mais que isso, a rede de colaboração que nós formamos para combater a esquerda continuou, mesmo após o fim do regime militar.

Quando o regime abriu, mesmo depois que acabou o SNI, continuei a ajudar clandestinamente as polícias de São Paulo e do Rio, trocávamos informações. Se pre-

---

[185] José Carlos Gratz – ex-banqueiro do jogo do bicho, ex-deputado e ex-presidente da Assembleia Legislativa do Espírito Santo.

cisasse de apoio em alguma operação, eu ia para lá, e vice-versa – eles também vinham, caso necessário.

Acabou a revolução, mas a irmandade continuou. A irmandade ainda existe, não morreu, os caras ainda servem uns aos outros. Perdigão continuou a agir com seus planejamentos clandestinos, Vieira também. Eu continuei. Continuou todo mundo. A nossa irmandade sobreviveu.

Várias ações foram realizadas por gente de nossa irmandade. O assassinato daquele político no Nordeste, por exemplo, que teve grande repercussão na época... não consigo lembrar quem é o político,[186] foi obra do Paulo Jorge, o mesmo Pejota que atuou em tantas ações políticas. Ele cometeu esse crime de mando contratado pela empresa do Perdigão.

Outro caso de crime de mando foi o do jornalista Jeveaux, um pedido de Camilo Cola, dono da Viação Itapemirim, ao SNI. A empresa do coronel Perdigão era de segurança e investigações e o comandante Vieira também participava, além de alguns outros colaboradores da nossa comunidade. Eles faziam serviço de espionagem e contra espionagem para grandes indústrias e de segurança a estrangeiros. O trabalho de escolta que prestávamos para as autoridades militares na época do regime militar passou a ser feito para particulares por meio dessa empresa.

Boa parte do financiamento da nossa irmandade nessa época vinha do jogo, mas não só dele: havia a colaboração de muitos empresários simpáticos ao tipo de serviço que

---

[186] Ainda não conseguimos identificar esse político.

nós oferecíamos. Nessa época, então, arrecadar recursos com os empresários era uma tarefa exclusiva do Perdigão e do Vieira. Fomos financiados por esse esquema durante muitos anos, mesmo após a redemocratização. Só deixei de receber da comunidade quando já estava preso em Vila Velha (ES), entre 1995 e 1996.

A MORTE DO TENENTE ODILON

O tenente Odilon Carlos de Souza, especialista em explosivos, foi mandado pelo Exército para o Espírito Santo, sob orientação do SNI, para, entre outras missões, executar o contraventor Jonathas Bulamarques,[187] que estava pedindo favores e chantageando coronéis do Exército.

Passei vários anos na cadeia por conta do assassinato de Bulamarques. Foi uma condenação política, direcionada só para mim – fiquei quieto esses anos todos em nome da minha fidelidade ao regime militar.

---

[187] O bicheiro Jonathas Bulamarques de Souza sofreu um atentado a bomba no dia 5 de agosto de 1982, e ficou totalmente deformado, mas somente quatro meses depois veio a morrer, assassinado a tiros em sua residência.
Guerra foi denunciado e condenado pelo crime, que atribui ao tenente Odilon. Guerra diz que a condenação foi política. Na acusação, segundo ele, afirmaram que ele havia agido a mando de outros banqueiros, mas não existia nome de nenhum banqueiro de bicho no inquérito. Guerra diz, também, que a pena de 42 anos para um crime de tentativa de homicídio foi exagerada, se ele o tivesse cometido.

Quando o SNI começou a se desmantelar por conta da abertura política, houve uma série de assassinatos de pessoas que serviram ao regime, uma grande queima de arquivo comandada pelos militares, que temiam que seus crimes fossem revelados. Era consenso entre o comando sobre a necessidade de aparar arestas, de eliminar pessoas que causariam risco ao Exército, à Marinha e à Aeronáutica. Foi quando me deram a ordem para matar o tenente Odilon. Ele tinha se tornado um homem perigoso e estava incomodando o coronel Perdigão.

Essa missão tinha um significado especial para mim. Eu tinha uma grande desconfiança de que Odilon era o assassino de Rosa Maria Cleto,[188] minha mulher, morta em 2 de dezembro de 1980.

Odilon gostou do Espírito Santo e acabou ficando um tempo por aqui. O campo era fértil e ele desejava ficar no meu lugar – matou a minha mulher para colocar a culpa em mim.

O olho dele cresceu e ele passou a fazer trabalhos por conta própria, pegar empreitadas nos estados vizinhos. Eu avisei o coronel Perdigão e ele me pediu que o eliminasse.

Armei a emboscada para ele durante uma viagem de rotina entre Vitória e Rio de Janeiro. Passávamos por Campos mais ou menos na hora do almoço e sugeri que parássemos na usina Cambahyba para preparar um

---

[188] Rosa Maria Cleto foi morta, junto com a irmã Glória, com mais de quarenta tiros de armas de diversos calibres dentro de um Fusca, à margem da Rodovia José Sete, em Cariacica. O crime aconteceu em dezembro de 1980.

frango ao molho pardo com quiabo, prato preferido de Odilon.

Paramos, descemos e sentamos no sofá, eu, Odilon e João Bala. Enquanto eu pedia para o João providenciar o almoço, comecei a pensar que aquele era o momento e o local para eliminar Odilon. Estava entre pessoas de minha confiança e poderia desaparecer imediatamente com o corpo no forno da usina.

Não falei nada, não partilhei meu pensamento com ninguém e fui até a cozinha acompanhar o preparo da comida. Ao voltar, Odilon ainda estava sentado no sofá. Começamos a conversar e eu disse:

— Rapaz, eu acho que você está diferente comigo.

— Você acha que eu matei sua mulher? — ele perguntou.

— Você matou?

— Aquela vaca?

Quando ele articulou a primeira sílaba de vaca, va..., saquei minha 38 e acertei na cara dele. Ele ainda quis esboçar uma reação, tentando sacar a 45, tentando se levantar, mas não deu tempo. Dei a volta no sofá, coloquei o cano da arma na cabeça dele e dei o tiro de misericórdia.

Foi uma explosão de sangue para todo lado. O primeiro tiro provocou sangramento, que deve ter ficado represado, e o segundo liberou tudo. Os meus amigos da usina, João e o funcionário Vavá, ficaram muito assustados porque não esperavam que aquilo pudesse acontecer, não havia nada combinado. Eu expliquei o motivo da execução e eles me ajudaram a dar sumiço no corpo. O sofá teve de ser queimado, porque ficou cheio de sangue. Foi do mesmo jeito que com os outros corpos, o mesmo procedimento, a cremação. O cabo Polvorelli, da Barão de Mesquita, participou desse episódio. Ele também me ajudou. Depois virou ermitão, recluso, vive perto de Juiz de Fora.

Na época, a família de Odilon chegou a me denunciar. A Polícia Federal iniciou a investigação, mas arquivou, porque não havia pistas do corpo. Não foi só Odilon que morreu nessa época; os coronéis estavam aparando arestas no país inteiro, as pontas que podiam complicar, e Odilon era um perigo para eles. Tinha de morrer.

O PODER CLANDESTINO E OCASIONAL

Os anos 1980 já iam adiantados e o nosso poder, clandestino – e, ao mesmo tempo, aqui e ali, oficial –, ia se esvaindo. Estávamos sendo derrotados no nosso boicote à abertura política, era evidente que o processo se tornava irreversível. A comunidade de informações vinha sendo desmantelada e nós, a ponta operacional, aquela que era envolvida por uma aura de comentários temerosos, começávamos a procurar nossos próprios caminhos.

Ajudávamo-nos, mas não havia mais uma organização com lideranças fortes e poderosas. A nossa irmandade, aquele conceito que vinha lá de trás, envolvendo a filosofia da Scuderie Le Cocq, do grupo secreto, nós, os "irmãozinhos", ainda nos falávamos, enfim, a irmandade ainda existia.

Não era mais aquele poder total, bancado pelo SNI e, acima dele, pelo poder federal, o governo militar, em

Brasília. Era um poder clandestino e ocasional. Passamos a ser acionados aqui e ali para operações específicas. E isso aconteceu em dois episódios políticos de certa relevância.

O GRAMPO NO ESCRITÓRIO DE PAULO MALUF

Eu e Jacaré montamos o grampo no escritório político de Paulo Maluf, em seu QG em São Paulo, no final de 1984, para jogar a culpa em cima da candidatura de Tancredo Neves. Colocamos o grampo à noite, debaixo da sua mesa de trabalho, e ligamos para dizer que havia uma bomba. Ligamos de um telefone público para o DOPS e para a imprensa também... Avisei que era do MR-8, que havia me arrependido e que ia morrer gente. O objetivo era fazer com que o grampo fosse descoberto, o que realmente aconteceu. Mas o próprio Maluf deu declarações dizendo que era obra da própria direita. Em vez de ficar calado, deu a entrevista errada.

A ordem foi dada ao meu parceiro Jacaré, de outras aventuras, e de quem nunca mais ouvi falar, sumiu. Eu fui apenas ajudar. Foi um oficial do Exército, o coronel Ubiratan, quem deu a ordem – ele era uma espécie de assessor da campanha presidencial de Paulo Maluf. Alguns militares queriam o Maluf e ainda achavam que era possível reverter o quadro e derrotar Tancredo Neves no Colégio Eleitoral.

Nessa época fizemos também outras ações para acusar a esquerda, mas era o final, estávamos derrotados. Eram panfletagens em São Paulo, no Rio e em Vitória para denegrir a imagem dos padres que estavam fazendo campanha pelas eleições diretas. Tudo inútil. Foram os estertores do SNI. Alguns coronéis, no entanto, ainda estavam fazendo de tudo para que Tancredo fosse derrotado.

O SEQUESTRO DE ABÍLIO DINIZ

A irmandade, anos depois, bem no final do governo Sarney, acabou ajudando Collor na disputa com Lula. Lembram-se do episódio do sequestro de Abílio Diniz? Pois é... foi a nossa irmandade que colocou os panfletos do PT no estouro do cativeiro. Nossa irmandade, claro, era contra o PT e contra Lula.

Quero deixar claro que essa história eu ouvi de minha equipe e de policiais que foram me visitar quando eu estava preso na Polinter do Rio de Janeiro, de pessoas que participaram da manipulação política desse sequestro.

Eles foram me visitar na prisão, para me abraçar e se solidarizar comigo. E me contaram. É a minha contribuição para a construção da verdade sobre esse episódio. E quem quiser que investigue mais, apure mais, há personagens ainda vivos por aí.

É preciso explicar em que contexto eu soube dessa missão de meus ex-companheiros, missão da qual, se não estivesse preso, certamente participaria. Nessa época, alguns meses antes, fora assassinada em Vitória, no Espírito Santo, uma famosa jornalista local.

Maria Nilce era também bonita, poderosa e polêmica. Sua morte rapidamente virou notícia nacional. Era dona, com o marido Djalma Magalhães, do *Jornal da*

Cidade, um jornal pequeno mas muito lido pela elite capixaba. Ela assinava a coluna social.

Eu estava indo para São Paulo encontrar o repórter Boris Casoy – esse mesmo, o do bordão "isto é uma vergonha!" Estava levando uma pasta com documentações e fotos do caso Maria Nilce. A investigação da morte dela me criou problemas terríveis e eu estava com medo de morrer. No meio do caminho fui preso pelo delegado Carlos Mandin de Oliveira, da Polícia Federal do Rio de Janeiro. Lembro que estava com uma pasta de dinheiro, uns 1.500, que ele, o Mandin, me roubou. Reclamei, ele partiu para cima de mim e eu disse: "Você está rodeado de gente e vai conseguir me bater por causa disso. Mas logo em seguida me mata, senão é você quem vai morrer." Ele recuou.

Era uma época em que todo mundo queria me liquidar no Espírito Santo; eu tinha perdido o poder do regime militar, estava vulnerável e todos começaram a levantar meu passado. Como ainda era uma liderança forte na irmandade, várias pessoas foram me visitar na prisão, e aqueles policiais de São Paulo, que passaram a me ter como líder após a morte de Fleury, me contaram o que aconteceu no sequestro de Abílio Diniz. Eles participaram.

O SNI já estava quase extinto[189] mas ainda funcionava. Lula representava o inimigo, a esquerda, nossa comunidade era contra ele. Quando o cativeiro de Abílio Diniz foi descoberto, mandaram o nosso pessoal colocar panfletos da campanha dele no local.

---

[189] O SNI foi extinto em 1990, durante o governo Collor.

Quem estava por trás dessa manobra, o estouro do cativeiro, era o delegado Expedito Marques. Ele é conhecido pra caramba!

Foi o pessoal da delegacia antissequestro quem descobriu o cativeiro; o Expedito tomou conhecimento e chamou todo mundo. A equipe dele, treinada pelo Fleury, era bastante experiente nesse tipo de ação – o Mineiro (José Raimundo), o Joe (Josmar Bueno) – e montou o teatro lá dentro. Os "irmãozinhos" chegaram antes de a imprensa entrar. Abílio é da direita, ele viu o pessoal fazendo isso. Ele é homem, acho que vai confirmar tudo.

Nenhum sequestrador reagiu. Quem iria resistir, rapaz? Os caras deram sorte de não ter morrido.

Naquela época, nossa turma estava muito magoada e queria matar os caras do PT. Falávamos em treinar tiro ao alvo nas estrelas (o cara está com a estrelinha do PT, tiro ao alvo na estrelinha!). E ainda havia gente, entre o nosso pessoal, com esperança de tumultuar a redemocratização. Isso foi na eleição do Collor. O SNI ainda não tinha sido extinto; Perdigão[190] ainda estava nos bastidores, e Vieira também.

---

[190] O coronel Freddie Perdigão era celetista, não tinha estabilidade, não era servidor público, e foi demitido do SNI em 1987 pelo presidente José Sarney.

ANEXOS

AS PRINCIPAIS EXECUÇÕES DE UM MATADOR FRIO E IMPLACÁVEL – NOTAS

Nota 1

NESTOR VERAS foi um histórico dirigente do Partido Comunista Brasileiro – PCB. Desapareceu às vésperas de completar 60 anos, em abril de 1975. Era paulista de Ribeirão Preto e gostava de tocar clarineta.

Fez cursos em Moscou, foi integrante do Comitê Central do PCB, encarregado do setor camponês. Foi também membro da União dos Lavradores e Trabalhadores Agrícolas do Brasil e tesoureiro da Confederação Nacional dos Trabalhadores da Agricultura.

Cassado pelo AI-1, foi condenado a cinco anos de prisão pela Lei de Segurança Nacional, quando optou por seguir seus companheiros e continuar sua militância política na clandestinidade.

Foi preso em frente a uma drogaria, em Belo Horizonte, segundo denúncia de seu próprio chefe e amigo Luís Carlos Prestes. A partir daí, não se sabe o que aconteceu com ele após a prisão.

Nota 2

Um dos crimes mais conhecidos de Pejota foram as mortes do advogado Joaquim Marcelo Denadai e do ex-vereador Antônio Denadai, no Espírito Santo. Elas teriam sido encomendadas em nome do empresário Sebastião de Souza Pagotto, que possuía, segundo relatos da imprensa, ligações com o ex-governador Paulo Hartung.

Pagotto teria mandado liquidar o advogado porque ele estava municiando o irmão com documentos comprometedores envolvendo o empresário, na CPI criada pela Câmara Municipal de Vitória, destinada a apurar irregularidades na limpeza de fossas e galerias da cidade.

O ex-tenente Pejota, por sua vez, foi morto a tiros numa segunda-feira – aparentemente numa queima de arquivo – em plena luz do dia, nas imediações do restaurante Mar e Terra, no Cais do Avião, no Bairro de Santo Antônio.

Pejota recebeu trinta tiros ao sair de um Fiat Siena, quando atendeu a um celular. Os atiradores foram dois homens que, após atirarem tranquilamente contra ele, se afastaram devagar nas mesmas bicicletas que chegaram.

Cláudio Guerra relata que Pejota cometeu também um crime de mando, eliminando um político no Nordeste, a pedido de Perdigão, que no final da ditadura montou uma empresa de segurança para esse tipo de serviço, entre outras coisas. Esse crime teve muita repercussão, segundo Guerra, mas, até agora, não conseguimos identificar a vítima.

Pejota também participou do assassinato do jornalista José Roberto Jeveaux, que contamos neste livro.

Nota 3

RONALDO MOUTH QUEIROZ, 26 anos, estudante de Geologia da USP e um dos poucos militantes que sobraram depois das mobilizações de 1968. Atuava no movimento estudantil no difícil período entre 1969 e 1972. Ronaldo Queiroz era da ALN – Aliança Libertadora Nacional, organização radical de esquerda.

Em 1972, Queiroz passou a ser vigiado pela repressão. O ex-militante e agente policial Jota – o médico João Henrique de Carvalho, infiltrado na ALN em 1972 – o entregou. Foi morto a tiros no dia 6 de abril de 1973 num ponto de ônibus da avenida Angélica, sem chances de reação em episódio relatado com detalhes no livro.

No entanto, a versão oficial, publicada no dia seguinte, foi de que Ronaldo teria resistido à prisão, sendo morto em tiroteio. Seu corpo deu entrada no necrotério às 8h do mesmo dia, enquanto a requisição do Instituto Médico-Legal registra o horário do óbito como tendo sido às 7h45, sendo pouco provável o deslocamento entre os dois pontos em 15 minutos.

O laudo de Isaac Abramovitc e Orlando Brandão descreve dois tiros, na face anterior do hemitórax esquerdo e no mento, a um centímetro do lábio inferior, tiro este bastante incomum.

NOTA 4

MERIVAL ARAÚJO (1949–1973). Mato-grossense de Alto Paraguai, o estudante Merival Araújo foi morto sob tortura pelos agentes do DOI-Codi/RJ, uma semana depois de ser preso em frente ao prédio número 462 da rua das Laranjeiras, no Rio de Janeiro, em 7 de abril de 1973. Versões da direita e da esquerda relatam o episódio, que pode ter ocorrido como se segue:

Nesse endereço morava Francisco Jacques Moreira de Alvarenga, conhecido como professor Jacques, amigo de Merival e militante da RAN (Resistência Armada Nacional), outra organização de esquerda radical.

O professor Jacques fora preso dois dias antes pelo DOI-Codi/RJ e, coagido, segundo relatos da imprensa, decidiu colaborar participando da montagem de uma emboscada para prender Merival. O encontro foi acertado por telefone quando Francisco Jacques já estava preso. Ele foi solto um mês depois e também morto a tiros, mais tarde, por um comando da ALN – Aliança Libertadora Nacional.

O professor Jacques era um dos poucos militantes que restavam da Resistência Armada Nacional. No curso onde dava aulas para vestibulandos, tornou-se amigo de Merival Araújo, o Zé, da ALN, um dos participantes do assassinato do delegado Octávio Gonçalves Moreira Júnior, segundo acusações dos militares.

Preso, durante seus depoimentos o professor "abriu" um contato que teria com Merival, que foi preso. A partir daí as versões são confusas, como era comum na época. Merival teria aberto um ponto e levado ao local para a cobertura desse ponto, o que foi combinado com os agentes da repressão; tentou fugir e foi morto.

A ALN perdeu um dos quadros considerados mais ativos e teria resolvido se vingar do professor Jacques. A libertação sua um mês depois criou as oportunidades para tanto.

As versões da época relatam que um "tribunal revolucionário" da ALN foi convocado e o professor Jacques condenado à morte, sem direito a apelação.

Em 28 de junho de 1973, militantes da ALN teriam rendido o porteiro do Colégio Veiga de Almeida, da rua São Francisco Xavier, na Tijuca. Invadiram a escola e encontraram o professor Jacques sentado numa sala de aula, redigindo uma prova para os vestibulandos do curso. Quatro tiros de pistola .45 o mataram, menos de três semanas depois de ter sido solto. A sigla ALN foi pintada nas paredes da sala de aula

Merival morou em Minas Novas, Vale do Jequitinhonha, onde era professor. Seu corpo nunca foi entregue aos familiares.

Nota 5

EMANUEL BEZERRA DOS SANTOS E MANOEL LISBOA DE MOURA foram presos em Recife, Pernambuco, no dia 16 de agosto de 1973, e torturados no DOPS daquele estado durante vários dias. O policial que os prendeu e foi acusado de tortura, Luís Miranda, transferiu-os para o DOPS/SP, aos cuidados do delegado Sérgio Fleury, onde continuaram sendo torturados, segundo relatos confusos da época.

Manoel Lisboa de Moura nasceu em 21 de fevereiro de 1944, em Maceió, Alagoas, filho de Augusto de Moura Castro e Iracilda Lisboa de Moura. Era estudante de medicina na Universidade Federal de Alagoas e morreu aos 29 anos em São Paulo.

Preso no dia 17 de agosto de 1973, Manoel morreu no dia 4 de setembro do mesmo ano. A requisição do exame necroscópico foi assinada pelo delegado Edsel Magnotti e o laudo pelos médicos-legistas Harry Shibata e Armando Cânger Rodrigues, que construíram uma versão oficial.

Selma Bandeira Mendes e outros presos políticos que se encontravam nas dependências do DOI-Codi/SP naquele período disseram que o corpo de Manoel estava coberto de queimaduras, estando ele inclusive quase paralítico.

A versão oficial divulgada pelos órgãos de segurança é a de que Manoel foi morto durante um tiroteio no Largo de Moema, na cidade de São Paulo, juntamente com Emanuel Bezerra dos Santos. O capitão do Exército Carlos Cavalcanti, membro da família de Manoel, tentou resgatar o corpo, enterrado como indigente no Cemitério de Campo Grande, em São Paulo. Os militares permitiram a exumação desde que a família se comprometesse a não abrir o caixão, que seria entregue lacrado. Os relatos dos sites especializados afirmam que a família se recusou, por não poder ter a certeza de que no caixão lacrado estava o corpo de Manoel.

Posteriormente, a identificação de Manoel e de Emanuel foi realizada.

Emanuel Bezerra dos Santos nasceu a 17 de junho de 1943 na praia de Caiçara, município de São Bento do Norte, Rio Grande do Norte, filho de Luís Elias e Joana Elias.

Bezerra foi líder estudantil e estudou Sociologia na Fundação José Augusto. Organizou e participou do famoso Congresso da UNE, em Ibiúna, São Paulo, onde foi preso. Foi enquadrado no decreto 447, lei de exceção da época, que punia estudantes, professores e funcionários que tivessem militância política. Foi expulso da faculdade.

Fez parte do comitê universitário do PCR no Rio Grande do Norte. Viveu de 1968 a 1973 em Pernambuco e Alagoas. Esteve no Chile e na Argentina representando o PCR.

Fotos do Instituto Médico-Legal mostram um corte no lábio inferior produzido pelas torturas, que o legista

Harry Shibata afirmou ser fruto de um tiro. Segundo denúncia dos presos políticos, Emanuel foi morto sob tortura no DOI-Codi/SP.

A versão dos órgãos de segurança é a de que Emanuel, assim como Manoel, teriam morrido em tiroteio com a polícia no Largo de Moema, em São Paulo, no dia 4 de setembro de 1973. Nesse suposto tiroteio, um teria matado o outro. Os dois foram enterrados como indigentes no Cemitério de Campo Grande, em São Paulo.

Em 13 de março de 1992, seus restos mortais, depois de exumados e periciados pela Unicamp, foram trasladados para as suas cidades. O relatório do Ministério da Aeronáutica diz que Emanuel "morreu no dia 4 de setembro de 1973, em confronto com agentes dos órgãos de segurança em Moema/SP. Mesmas circunstâncias da morte de Manoel Lisboa de Moura". O relatório do Ministério da Marinha afirma que Emanuel foi preso em Recife, levado para São Paulo, dizendo estar aguardando a chegada de outro subversivo do exterior. Segundo o relatório, os agentes deram voz de prisão, porém o recém-chegado reagiu a tiros, seguindo-se intenso tiroteio. Tanto Emanuel Bezerra Lisboa dos Santos como Manoel Lisboa de Moura faleceram a caminho do Hospital das Clínicas.

NOTA 8

DO LIVRO DO MINISTÉRIO DA JUSTIÇA *DESAPARECIDOS POLÍTICOS*

MANOEL ALEIXO DA SILVA (1931–1973)
Número do processo: 193/96
Filiação: Maria Sabino da Silva e João Aleixo da Silva

Data e local de nascimento: 04/06/1931, São Lourenço da Mata (PE)
Organização política ou atividade: PCR
Data e local da morte: 29/08/1973, Ribeirão (PE)
Relator: Suzana Keniger Lisbôa
Deferido por unanimidade em: 23/04/1996
Data da publicação no DOU: 25/04/1996

Do site do Partido Comunista Revolucionário

Manoel Aleixo, o Ventania, foi sequestrado de sua própria casa, em Joaquim Nabuco, na madrugada do dia 29 de agosto de 1973, fato testemunhado por Izabel Simplício da Conceição, sua companheira. Foi conduzido numa Veraneio do Exército até a sede do IV Comando, no Parque 13 de Maio, e assassinado, provavelmente, com Manoel Lisboa e Emmanuel Bezerra.

O DOI-Codi do então 4º Exército; o torturador Sérgio Paranhos Fleury, diretor do DOPS-SP; o torturador Moacir Sales de Araújo, diretor do DOPS-PE; o delegado José Oliveira Silvestre; e o torturador Luís Miranda, agente da Polícia Civil, foram os responsáveis diretos por todas as sevícias, pelo assassinato e pela desavergonhada mentira veiculada nos grandes jornais da burguesia, no dia 8 de setembro, de que Ventania teria morrido no dia 29 de agosto ao resistir à voz de prisão e travar um tiroteio com agentes da segurança na cidade de Ribeirão.

Desavergonhada mentira porque não houve nenhum tiroteio em Ribeirão no dia 29 de agosto, pois não há qualquer registro no livro de ocorrências da única delegacia da cidade. Mais: se a morte aconteceu no dia 29 de agosto, por que o *Diário de Pernambuco* e o *Jornal do Commercio* divulgaram a notícia só no dia 8 de setembro, nove dias depois? E por que seu corpo não foi entregue à sua família, a quem de direito cabe realizar o devido sepultamento?

NOTA 10

RANÚSIA ALVES RODRIGUES

Relatos da época em sites especializados e na imprensa mostram que Ranúsia e outros três militantes do PCBR (Almir Custódio de Lima, Ramires Maranhão do Vale e Vitorino Alves Moitinho) foram mortos pelos órgãos de segurança do regime militar em 27 de outubro de 1973, no Rio de Janeiro.

A execução ocorreu na Praça da Sentinela, em Jacarepaguá. Ramires, Almir e Vitorino foram carbonizados dentro de um Volkswagen, enquanto o corpo de Ranúsia foi encontrado baleado.

Os documentos oficiais dos arquivos dos ministérios do Exército, da Marinha e da Aeronáutica mostram versões desencontradas de tal acontecimento. Alguns fatos só começaram a ser esclarecidos com a abertura dos arquivos secretos do DOPS, no Rio de Janeiro, São Paulo e Pernambuco.

No livro *Dos filhos deste solo*, Nilmário Miranda e Carlos Tibúrcio assim registraram o episódio: "Chovia na noite de 27 de outubro de 1973, um sábado. Alguns poucos casais escondiam-se da chuva junto do muro de um colégio de Jacarepaguá, no Rio. Por volta das 22 horas,

um homem desceu de um Opala e avisou: "'Afastem-se porque a barra vai pesar'."
O repórter de *Veja* (07.11.1973) localizou uma testemunha desse aviso: "Não ouvimos um gemido, só os tiros, o estrondo e a correria dos carros. [...] Vindos de todas as ruas que levam à praça, oito ou nove carros foram chegando, cercando um fusca vermelho de placa AA-6960, e despejando tiros. Depois jogaram uma bomba dentro do veículo. No final, havia uma mulher morta com quatro tiros no rosto e no peito e três homens carbonizados. Essa mulher era Ranúsia Alves Rodrigues, pernambucana de Garanhuns e estudante de Enfermagem da Universidade Federal de Pernambuco."

Ranúsia já havia sido presa em 1968, em Ibiúna (SP), quando participava do 30º Congresso da União Nacional dos Estudantes (UNE). Em consequência disso, foi expulsa da universidade pelo Decreto-Lei 477, no ano seguinte.

Vivendo na clandestinidade como militante do PCBR, teve uma filha, Vanúsia. Em outubro de 1972, passou a atuar no Rio de Janeiro. Documentos dos órgãos de segurança sustentam que, em 25 de fevereiro de 1973, ela teria participado da execução do delegado Octávio Gonçalves Moreira Júnior, do DOI-Codi/ SP, em Copacabana.

O relatório fala, ainda, da farta documentação encontrada com Ranúsia e menciona a morte dos quatro militantes, dando-lhes os nomes completos. A versão divulgada pelo DOPS é de que os militantes do PCBR perceberam a presença de "elementos suspeitos" e tentaram fugir, acionando suas armas.

Com o carro em chamas, não foi possível retirar as pessoas que estavam dentro dele. Laudo e fotos da perícia no local mostram Ranúsia morta perto do veículo, tendo, ao fundo, um Volkswagen incendiado, onde estavam Ramires, Vitorino e Almir, carbonizados. No entanto, a investigação sobre o caso, realizada pela Comissão Especial sobre Mortos e Desaparecidos Políticos (CEMDP), considerou que a versão oficial não se sustentava após o exame das provas anexadas ao processo.

ALMIR CUSTÓDIO DE LIMA

Militante do Partido Comunista Brasileiro Revolucionário (PCBR), Almir Custódio de Lima nasceu no dia 24 de maio de 1950, em Recife, Pernambuco, filho de João Custódio de Lima e Maria de Lourdes Custódio de Lima. Foi estudante secundarista da Escola Técnica Federal de Pernambuco. No Rio de Janeiro, trabalhou como operário metalúrgico da Aluferco.

O documento de informação do Ministério da Aeronáutica de 22 de novembro de 1973, de nº 575, encontrado no arquivo do antigo DOPS/SP, diz: "Dia 27 de outubro de 1973, em tiroteio com elementos dos órgãos de segurança da Guanabara, foram mortos os seguintes militantes do PCBR: Ranúsia Alves Rodrigues, Ramires Maranhão do Vale, Almir Custódio de Lima e Vitorino Alves Moitinho."

Esse documento desmente, portanto, a versão oficial daquela época de que haviam sido encontrados num carro em chamas, provavelmente como resultado de briga entre quadrilhas, permitindo identificar dois desaparecidos, Ramires e Vitorino.

O corpo de Almir entrou no IML/RJ com a guia nº 17 do DOPS como desconhecido, carbonizado, sendo necropsiado pelos doutores Hélder Machado Paupério e Roberto Blanco dos Santos, em 28 de outubro de 1973.

A perícia do local, de nº 947/73, realizada pelo Instituto de Criminalística Carlos Éboli, em 27 de outubro de 1973, dá como homicídio ocorrido na circunscrição da 32ª DP.

O óbito de Almir, de nº 17.412, é de um homem desconhecido, tendo como causa mortis carbonização, sendo declarante José Severino Teixeira.

Almir foi enterrado como indigente no Cemitério de Ricardo de Albuquerque, no Rio de Janeiro, em 31 de dezembro de 1973, na sepultura nº 29.230, quadra 23. Em 2 de abril de 1979 seus restos mortais foram para um ossário geral, e em 1980/81 foram colocados em uma vala clandestina daquele cemitério.

No arquivo do DOPS/RJ foi encontrado documento do 1º Exército, informação nº 2805, de 29 de outubro de 1973, que narra o cerco feito aos quatro militantes desde o dia 8 de outubro de 1973. Esse cerco culminou com a prisão de Ranúsia na manhã do dia 27 de outubro. Há nesse documento interrogatório e declarações de Ranúsia no DOI-Codi/RJ, além de farta documentação encontrada com ela, e a morte dos quatro militantes, dando-lhes os nomes completos. Termina da seguinte forma: "A imprensa da Guanabara noticiou o acontecimento da Praça da Sentinela com versões colhidas na 32ª DP. O DOPS/GB instaurou 'investigação policial', cuja conclusão demorará bastante, inclusive pela dificuldade de identificar oficialmente os terroristas cujos corpos foram carbonizados. Por tudo isso, e mais pela continuidade da ação, já que há mais onze subversivos cujos passos permanecem vigiados na esperança de registrar o encontro PCBR-ALN, esta Agência achou por bem não permitir a divulgação de nota alguma para o público externo sobre o fato."

A imprensa carioca noticiou simplesmente a morte de dois casais em Jacarepaguá: O *Jornal do Brasil* de 29 de outubro de 1973, página 4, na matéria "Polícia especula, mas nada sabe ainda sobre os casais executados em Jacarepaguá", e *O Globo*, do mesmo dia, página 20, em "Metralhados dois casais em Jacarepaguá", não citam os nomes dos mortos. A mesma coisa ocorre na matéria da *Veja*, de 7 de novembro de 1973, "Quem matou quem?"

Somente em 17 de novembro de 1973, tanto em *O Globo* quanto no *Jornal do Brasil*, respectivamente, sob os títulos "Terroristas morrem em tiroteio com as forças de segurança" e "Terroristas são mortos em tiroteio", é que foram publicados os nomes de Ranúsia e Almir. Apesar de ter sido reconhecida oficialmente sua morte, Almir foi sepultado como indigente.

Nos arquivos da Secretaria Estadual de Polícia Civil do Rio de Janeiro, o Boletim de Ocorrência da 32ª DP. de nº 4.041, feito às 22h do dia 27 de outubro de 1973, comunica um incêndio no carro placa AA-6960 e informa: "No local já se encontrava o comissário Kalil, de plantão no DOPS, que esclareceu ser a dita ocorrência de interesse de seu departamento e já se encarregara das providências exigidas pelo fato..."

VITORINO ALVES MOITINHO

Militante do Partido Comunista Brasileiro Revolucionário (PCBR), Vitorino Alves Moitinho nasceu em 3 de janeiro de 1949, na Bahia, filho de Isaú Lopes Moitinho e Yolinda Alves Moitinho. Estudante, trabalhou como bancário e operário. Respondeu a alguns processos de natureza política. Foi para a clandestinidade, vindo a morrer aos 24 anos. Era um dos quatro ocupantes do carro incendiado em Jacarepaguá, Rio de Janeiro, por agentes do DOI-Codi/RJ, conforme descrito na nota referente à morte de Ranúsia Alves.

O cadáver de Vitorino Alves Moitinho deu entrada no IML/RJ como desconhecido, em 27 de outubro de 1973, vindo da Praça da Sentinela com a guia nº 19 do DOPS/RJ.

O relatório do Ministério da Marinha diz que Moitinho "teria morrido juntamente com outros subversivos durante operação não definida". Não há confirmação de sua morte no relatório do Ministério do Exército, mas o da Aeronáutica afirma que Vitorino foi "morto em 27 de outubro de 1973, num carro, em Jacarepaguá, juntamente com outros três militantes do PCBR".

As mortes dos militantes Ramires Maranhão do Vale e Vitorino Alves Moitinho, até então desaparecidos, eram do conhecimento dos órgãos de repressão, embora eles tenham ocultado esses fatos dos familiares e da opinião pública. Depoimento do jornalista Maciel de Aguiar sobre Vitorino Alves – transcrito do livro *Ofertas das cabeças*, série Os Anos de Chumbo, Memorial Editora e Livraria: "Vitorino Alves Moitinho, o Tiba, também havia saído de

São Mateus/ES para estudar e trabalhar no Rio de Janeiro, indo morar com os irmãos no Catete, e logo ingressou na luta armada. Participou de inúmeras ações pelo PCBR (Partido Comunista Brasileiro Revolucionário), com o nome de Paulo Sérgio."

Logo que Maciel de Aguiar chegou ao Rio de Janeiro, foi morar na rua Correia Dutra, no mesmo bairro, onde se encontraram, o que resultou no poema "Vi Tiba na Rua", além de outras criações em homenagem ao amigo de infância. Após sair da prisão, em 1972, Vitorino o convidou para ingressar na luta armada.

Marcou-se um encontro em São João de Meriti, mas, a caminho, Maciel de Aguiar desistiu, justificando mais tarde: "A ideia da luta armada me fascinava, mas a literatura salvou a minha vida; pude registrar as lutas de muitos, homenagear os que foram banidos, torturados e mortos, cujos corpos não tiveram direito à sepultura, e, sobretudo, estar em paz com a minha consciência, pois naquela viagem havia descoberto que a poesia que me propunha fazer era, também, uma forma de luta, já que não acredito no poeta omisso diante de seu tempo."

RAMIRES MARANHÃO DO VALE

Militante do Partido Comunista Brasileiro Revolucionário (PCBR), Ramires Maranhão do Vale nasceu em 2 de novembro de 1950, em Recife, Pernambuco, filho de Francisco Clóvis Marques do Vale e Agrícola Maranhão do Vale. Estudante secundarista, frequentou os colégios São João, Carneiro Leão e Salesiano Sagrado Coração, em Recife, e o Colégio Agrícola Vidal de Negreiros, em

Bananeiras, na Paraíba. Militou no movimento estudantil pernambucano a partir de 1967, quando esteve preso por oito dias no Juizado de Menores de Recife por ter participado de uma manifestação contra o acordo MEC-USAID nas escadarias da Assembleia Legislativa de Pernambuco. Em 1968, destacou-se como liderança na passeata de 20 mil pessoas que culminou com um comício na avenida Guararapes, centro de Recife.

O enterro do padre Antônio Henrique, morto violentamente por agentes paramilitares, transformou-se em autêntica manifestação cívica em defesa da democracia. Ramires, rompendo a vigilância policial, promoveu um comício relâmpago em uma das pilastras da ponte por onde passava o cortejo.

Isso lhe valeu uma intensa perseguição policial, que acabou obrigando-o à vida na clandestinidade. Mesmo assim, mantinha contato com a família. Seu último encontro com seus pais e irmãos deu-se no Recife em 28 de fevereiro de 1972.

Morou em Fortaleza e, mais tarde, em 1971, radicou-se no Rio de Janeiro.

Em novembro de 1973, seu pai recebeu um telefonema do Rio informando a sua morte. Em matéria publicada em 28 de janeiro de 1979 pelo jornal *Folha de S. Paulo*, um general, com responsabilidade dentro do aparato repressivo, admitia a morte de Ramires e de outras 11 pessoas desaparecidas.

NOTA 11

MARIEL MARISCOT

O "ex-policial de ouro" da polícia carioca não teve tempo de esboçar nenhuma reação ao ser assassinado. Estava estacionando seu carro quando foi surpreendido pelos tiros. Era uma quinta-feira, 8 de outubro, às 17h30. Ele chegava ao bunker dos comandantes do jogo do bicho.

Mariel estava cada dia mais envolvido com os bicheiros. Segundo a *Veja* e o *Jornal do Brasil* da época, havia, na hora do crime, seguranças e policiais espalhados pelos bares da vizinhança. Um deles era o delegado Calvino Bucker, que ao ouvir os disparos – não se sabe como, pois a arma tinha silenciador – saiu com o detetive Aluísio da Cunha Martins para defender o colega. Ele disse em entrevista ao *Jornal do Brasil* que "teve a impressão" de ter atingido o assassino, mas não conseguiu detê-lo.

De acordo com Bucker, que chegou a ser investigado e afastado da polícia por causa da morte de Mariel, o sujeito que matou o policial era mulato e estava usando capa e boné. O assassino fugiu em direção à rua Mayrink Veiga, onde pegou um táxi e 50 metros adiante entrou num Volkswagen sem placa, com outros homens dentro.

Nota 13

ISMAEL VERÍSSIMO SANTOS

Ismael Veríssimo, 52 anos, foi atingido na cabeça quando saía da garagem, com seu Voyage, de uma casa na rua Passos da Pátria, número 1.224, na City Lapa, zona norte de São Paulo. O assassinato ocorreu no dia 31 de maio de 1984. No carro, uma Veraneio marrom, havia mais três ocupantes: Paulo Roberto Stanislau Silva, Marcus Aurelius Pedrosa e Jorge Stanislau Silva.

O crime foi resultado de uma guerra entre os bicheiros de São Paulo. Ismael representava os interesses do banqueiro Marco Aurélio Correa de Mello, filho de Raul Capitão. O destino dele, ao sair de casa, era a fortaleza do banqueiro Walter Spinelli de Oliveira, conhecido como Marechal, a quem Marcos Aurélio se juntou para disputar uma fatia do mercado paulista de apostas, como o entreposto da Ceasa.

APÓS TORTURA E MORTE, DEZ CORPOS DE PRESOS POLÍTICOS SÃO QUEIMADOS E DESAPARECEM PARA SEMPRE

Nota 14

A usina Cambahyba chegou a ocupar em 1979 uma área total de 6.763 hectares, dos quais 6.200 (85,8%) eram dedicados à produção de cana.

Desde o início dos anos 1990, a usina vinha acumulando dívidas com a União. A propriedade chegou a ser penhorada, mas, em razão do pedido de parcelamento da dívida, as penhoras caíram. Sua dívida passa hoje de R$ 100 milhões.

Em 2008, cem famílias do Movimento dos Trabalhadores Sem-Terra que ocupavam o local foram despejadas por ordem judicial. À época, o MST lançou manifesto explicando a situação da usina e denunciando a proteção da propriedade por parte do Judiciário, em detrimento da qualidade de vida das famílias e da própria Constituição, que aponta casos de terras, como o da Cambahyba, exemplares para a reforma agrária.

Nota 17

JOÃO BATISTA RITA

Militante do Marx, Mao, Marighella e Guevara (M3G), João Batista Rita nasceu em 24 de junho de 1948, em Braço do Norte, Santa Catarina, filho de Graciliano Miguel Rita e Aracy Pereira Rita. Por suas atividades políticas, foi preso em janeiro de 1970, em Porto Alegre, e depois, em 10 de abril do mesmo ano, sendo torturado no DOI-Codi/RJ. Foi banido do país em janeiro de 1971, na troca de presos políticos no sequestro do embaixador da Suíça no Brasil, viajando para o Chile com outros 69 presos e deslocando-se, a seguir, para a Argentina, onde se casou com uma exilada chilena.

Em 11 de dezembro de 1973 foi preso novamente, juntamente com o ex-major Joaquim Pires Cerveira. Segundo testemunhas, João Batista e o ex-major Cerveira foram presos por um grupo armado, liderado por um homem que tinha semelhanças físicas com o delegado Sérgio Fleury.

Nota emitida pelo ministro da Justiça Armando Falcão, em 6 de fevereiro de 1975, com respeito aos desaparecidos, dizia apenas que João Batista havia sido banido do país. Houve a divulgação por uma rádio de Porto Alegre (RS) de que ele estaria entre os quatro guerrilheiros mortos na Bolívia, em 12 de dezembro de 1973.

JOAQUIM PIRES CERVEIRA

Militante da Frente de Libertação Nacional (FLN), Joaquim Pires Cerveira, nascido a 14 de dezembro de 1923 em Santa Maria, Rio Grande do Sul, filho de Marcelo Pires e Auricela Goulart Cerveira. Casado, com filhos, o major do Exército Brasileiro passou à reserva, imposta pelo Ato Institucional nº 1, de 1964 – primeiro instrumento jurídico imposto pela ditadura que começava no Brasil. Cerveira está desaparecido desde 1973, quando tinha 50 anos.

Conforme documentos encontrados nos arquivos do antigo DOPS/SP, Cerveira foi preso no dia 21 de outubro de 1965, encaminhado à 5ª Região Militar e entregue ao coronel Fragomini. Em 29 de maio de 1967 foi absolvido pelo Conselho Especial de Justiça da 5ª Auditoria da denúncia do processo 324, por crime de subversão. Foi preso mais uma vez em 1970 com sua mulher e filho, que foram torturados no DOI-Codi/RJ. Banido do país em junho de 1970, quando do sequestro do embaixador da Alemanha no Brasil, viajou para a Argélia com outros 39 presos políticos. Em 11 de dezembro de 1973, foi preso novamente, agora em Buenos Aires.

Cerveira e João Batista Rita foram vistos por alguns presos políticos no DOI-Codi-RJ, quando chegavam em uma ambulância. Estavam amarrados, em posição fetal, tendo os rostos inchados, esburacados e com muito sangue na cabeça.

Nota 18

ANA ROSA KUCINSKI SILVA

Professora universitária, formada em Química com doutorado em Filosofia, casada com o físico Wilson Silva, trabalhava no Instituto de Química da USP. Wilson era formado pela Faculdade de Física da mesma universidade, tinha especialização em processamento de dados e trabalhava na empresa Servix. Os dois conciliavam trabalho e estudo com a militância política na ALN. Ambos estão incluídos na lista de desaparecidos políticos.

Ana Rosa estudou na USP durante a efervescência estudantil que marcou o início da resistência ao regime militar, quando conheceu o marido. É irmã do professor Bernardo Kucinski, que foi assessor do ex-presidente Lula.

No dia 22 de abril de 1974, Ana Rosa saiu do trabalho,na Cidade Universitária, e foi ao Centro para almoçar com Wilson num dos restaurantes próximos à Praça da República. Ele saíra do escritório da empresa, na avenida Paulista, com seu colega de trabalho, Osmar Miranda Dias, para fazer um serviço de rotina também no Centro.

Terminado o serviço, Wilson separou-se do colega e avisou que almoçaria com sua mulher e depois voltaria para o escritório. O casal desapareceu nas proximidades da Praça da República.

Os colegas de Ana Rosa na USP estranharam sua ausência e avisaram a família Kucinski, que imediatamente começou a tomar providências para sua localização. Ao procurarem Wilson, souberam que ele também havia desaparecido

Um habeas-corpus impetrado pelo advogado Aldo Lins e Silva foi negado, pois nenhuma unidade militar ou policial reconhecia a prisão do casal. A família foi a todos os locais de prisão política em busca de notícias e informações.

A Comissão de Direitos Humanos da OEA foi acionada, como recurso extremo, no dia 10 de dezembro de 1974, data em que a Declaração Universal dos Direitos Humanos das Nações Unidas completava 26 anos.

O pedido de investigação daquela instância interamericana foi respondido, meses depois, pelo governo brasileiro, afirmando não ter responsabilidade alguma sobre o destino do casal, e que não possuía informações sobre o caso.

Reinaldo Cabral e Ronaldo Lapa descrevem, em *Desaparecidos políticos*, a busca com o governo dos Estados Unidos: "O Departamento de Estado norte-americano, solicitado a dar informações, comunicou ao American Jewish Commitee, entidade dedicada, entre outras coisas, a procurar pessoas desaparecidas na guerra, famílias separadas, e também ao American Jewish Congress, espécie de federação das organizações judaicas religiosas culturais, que Ana Rosa estava viva, mas não sabia onde. A última informação do Departamento de

Estado foi transmitida à família Kucinski em 7 de novembro de 1974."

Esse mesmo livro traz um depoimento de Bernardo Kucinski, que se formou em Física mas optou pelo Jornalismo, tendo trabalhado na BBC de Londres e colaborado nos semanários *Opinião* e *Movimento* antes de publicar vários livros e se tornar professor de Jornalismo na USP: "Certeza da morte já é um sofrimento suficiente, por assim dizer. Um sofrimento brutal. Agora, a incerteza de uma morte, que no fundo é certeza, mas formalmente não é, é muito pior. Passam-se anos até que as pessoas comecem a pensar que houve morte mesmo. E os pais principalmente, já mais idosos, nunca conseguem enfrentar essa situação com realismo."

Bernardo Kucinski também contou, numa entrevista para a *Veja*, que a família foi extorquida em 25 mil dólares em troca de informações que, ao final, se mostraram inteiramente falsas.

O cardeal arcebispo de São Paulo, dom Paulo Evaristo Arns, conseguiu, conforme já registrado, uma audiência em Brasília com o general Golbery do Couto e Silva e obteve como resposta promessas de investigação. Pouco tempo depois, o ministro de Justiça, Armando Falcão, publicou a insólita nota oficial informando sobre o destino dos desaparecidos políticos, em que Ana Rosa e Wilson Silva foram citados como "terroristas foragidos".

Anos depois, o tenente-médico Amílcar Lobo, que serviu no DOI-Codi/RJ e na Casa da Morte, concedeu entrevista denunciando os assassinatos políticos que presenciara naquelas unidades militares. Procurado por Bernardo Kucinski, o médico reconheceu Wilson Silva como sendo uma das vítimas de torturas atendidas por ele. Ao ver a foto de Ana Rosa, o militar a identificou como uma das presas, mas sem demonstrar convicção.

Um ex-agente do DOI-Codi/SP, em entrevista à *Veja* de 18/11/1992, declarou: "Foi o caso também de Ana Rosa Kucinski e seu marido, Wilson Silva. Foram delatados por um "cachorro", presos em São Paulo e levados para a casa de Petrópolis. Acredito que seus corpos também foram despedaçados."

O relatório do Ministério da Marinha, enviado ao ministro da Justiça Maurício Correa, em 1993, confirmou que Wilson Silva "foi preso em São Paulo a 22/04/1974, e dado como desaparecido desde então." Na ficha de Silva, no arquivo do DEOPS, consta que ele foi "preso em 22/04/1974, junto com sua esposa Rosa Kucinski".

As informações sobre Ana Rosa Kucinski e Wilson Silva foram retiradas do livro *Direito à memória e à verdade*, elaborado pela Secretaria Especial dos Direitos Humanos da Presidência da República.

NOTA 21

DAVID CAPISTRANO

Comunista, dirigente nacional do Partido Comunista Brasileiro (PCB), David Capistrano nasceu em 16 de novembro de 1913, em Boa Viagem, Ceará. Casado com Maria Augusta de Oliveria, tinha três filhos.

Capistrano participou da Intentona Comunista de 1935 como sargento da Aeronáutica, sendo expulso das

Forças Armadas e condenado, à revelia, pelo Estado Novo, a 19 anos de prisão. O comunista esteve na Guerra Civil Espanhola como combatente das Brigadas Internacionais e na Resistência Francesa, durante a ocupação nazista. Preso em um campo de concentração alemão, foi libertado e regressou ao Brasil em 1941. Em 1945 foi anistiado e em 1947 eleito deputado estadual em Pernambuco. Entre 1958 e 1964 atuou na política pernambucana e dirigiu os jornais *A Hora* e *Folha do Povo*. Com o golpe militar, entrou na clandestinidade e asilou-se na Tchecoslováquia, em 1971. Retornou ao Brasil em 1974, atravessando a fronteira em Uruguaiana, Rio Grande do Sul, em um táxi de propriedade de Samuel Dib, que o hospedou em sua casa.

David Capistrano foi sequestrado com José Roman no dia 16 de março de 1974, no percurso entre Uruguaiana e São Paulo. Sua bagagem foi vista por presos políticos no DOPS de São Paulo, o que indica a sua passagem por aquele departamento policial.

Em março de 1978, o Superior Tribunal Militar reconheceu sua prisão, afirmando, entretanto, que ele fora libertado após uma semana, sem esclarecer as condições. Nessa época foi julgado à revelia e absolvido pela Justiça Militar, em setembro de 1978, juntamente com 67 pessoas acusadas de reorganizar o PCB.

David Capistrano está desaparecido desde 1974, quando tinha 61 anos.

JOÃO MASSENA MELO

Dirigente do Partido Comunista Brasileiro (PCB), João Massena Melo nasceu em 18 de agosto de 1919, em

Palmares, Pernambuco, filho de Sebastião Massena Melo e Olímpia Melo Maciel. Desaparecido desde 1974, aos 55 anos. Tinha 3 filhos.

Em 1945 elegeu-se vereador pelo antigo Distrito Federal. Seu mandato foi extinto em 1948, com o fechamento do PCB e sua cassação. Em 1962, foi eleito deputado estadual do antigo estado da Guanabara pela legenda do Partido Social Trabalhista (PST). Teve novamente seu mandato cassado pelo AI-1 de 9 de abril de 1964. Foi condenado pelo conselho permanente de Justiça Militar, em 7 de julho de 1966, a cinco anos de reclusão. Preso em 1970 por agentes da 2ª Auditoria da Marinha, foi brutalmente torturado. Toda sua família foi presa e levada para a Ilha das Flores e sua casa foi saqueada. Posto em liberdade em fevereiro de 1973, foi novamente preso na cidade de São Paulo no dia 3 de abril de 1974.

Em documentos referentes a João Massena, arquivados no antigo DOPS/SP, foram encontradas as seguintes anotações: "Em 24/06/74, sua filha Alice Massena Melo solicitou ao Exmo. Sr. Presidente da República, general Ernesto Geisel, providências no sentido de localizar seu pai." E, mais adiante, "RPI nº 08/76 – 10/09/76 – Ministério do Exército nos cientificou que o marginado e outros, a partir de maio de 1974, o PCB passa a dar como desaparecidos."

NOTA 22

FERNANDO AUGUSTO SANTA CRUZ OLIVEIRA

Militante da Ação Popular Marxista-Leninista (APML), Fernando Augusto Santa Cruz Oliveira nasceu a 20 de fevereiro de 1948, em Recife, Pernambuco, filho de Lincoln de Santa Cruz Oliveira e Elzita Santos de Santa Cruz Oliveira. Está desaparecido desde 1974, quando tinha 26 anos. Era casado com Ana Lúcia e tinha um filho, Felipe. Foi preso com Eduardo Collier Filho em 23 de fevereiro de 1974, em Copacabana, no Rio de Janeiro, por agentes do DOI-Codi/RJ. Logo em seguida, seu apartamento foi invadido pelos órgãos da repressão.

NOTA 23

EDUARDO COLLIER FILHO

Militante da Ação Popular Marxista-Leninista (APML), Collier está desaparecido desde 1974, aos 26 anos. Natural de Recife, Pernambuco, nasceu a 5 de dezembro de 1948, filho de Eduardo Collier e Rizoleta Meira. Era estudante da faculdade de Direito da Universidade Federal da Bahia quando foi cassado pelo Decreto-lei 477. Foi indiciado em inquérito policial pelo DOPS, em 12/10/68, por ter participado do 30º Congresso da UNE, em Ibiúna. Preso no Rio de Janeiro, em 23 de fevereiro de 1974, com Fernando Augusto Santa Cruz Oliveira, por agentes do DOI-Codi/RJ.

NOTA 24

JOSÉ ROMAN

Dirigente do Partido Comunista Brasileiro (PCB), José Roman nasceu em 4 de outubro de 1926, em São Paulo.

Desaparecido aos 49 anos, em março de 1974, era corretor de imóveis. No dia 16 de março de 1974 foi a Uruguaiana encontrar-se com David Capistrano da Costa, que chegava clandestinamente do exterior. De Uruguaiana rumaram para São Paulo, sendo presos no percurso da viagem.

Nota 25

LUÍS INÁCIO MARANHÃO FILHO

Militante do Partido Comunista Brasileiro (PCB), Maranhão Filho nasceu em 25 de janeiro de 1921, em Natal (RN), filho de Luís Inácio Maranhão e Maria Salmé Carvalho Maranhão. Desaparecido aos 53 anos.

Em 1964 esteve em Cuba, com Francisco Julião, a convite de Fidel Castro. Com o golpe militar em 1964, foi cassado pelo AI-1. Ex-deputado estadual, advogado, jornalista e professor universitário, em São Paulo, no dia 3 de abril de 1974, em uma praça, foi preso, fato testemunhado por diversas pessoas que tentaram socorrê-lo, pensando tratar-se de um assalto comum. Algemado, foi conduzido em um veículo usado para transporte de presos.

Em maio do mesmo ano, sua esposa denunciou que ele estava em São Paulo, sendo torturado pelo delegado Sérgio Paranhos Fleury, através de carta encaminhada ao MDB e lida na Câmara Federal pelo então secretário-geral do partido, deputado Thales Ramalho.

No dia 15 de maio de 1974 o *Jornal do Brasil* dizia que o vice-líder da Arena na Câmara, deputado Garcia Neto, reafirmara a disposição do governo em verificar a procedência de prisões denunciadas frequentemente pelo MDB.

Garcia Neto assegurava que tanto o presidente da República quanto o ministro da Justiça "estão empenhados em constatar a veracidade dos fatos". Chegou a dizer que "o governo, de maneira alguma, pode ficar sem tomar providências". Providências estas que jamais foram tomadas.

A CHACINA DA LAPA

NOTA 36

O episódio conhecido como Chacina da Lapa ocorreu em 16 de dezembro de 1976, a partir da delação, três meses antes, de um dos membros do comitê central do clandestino Partido Comunista do Brasil, Jover Telles. O objetivo da chacina era aniquilar o partido responsável pela maior ação de combate ao regime militar brasileiro, a guerrilha do Araguaia.

Durante toda a reunião, a casa, na Lapa, foi cercada pelos agentes da repressão. No dia 15 de dezembro, os líderes do partido começaram a deixar o local. À medida que saíam eram presos, levados para o DOI-Codi da rua Tutoia e torturados.

Foi o que aconteceu com Elza Monnerat, Aldo Arantes, Haroldo Lima, Wladimir Pomar, João Batista Drummond, além de dois militantes, Joaquim Celso de Lima e Maria Trindade. O único participante da reunião que escapou da prisão e da tortura foi José Novais, que saiu com Jover Telles, o traidor.

Na manhã do dia 16 de dezembro, a casa foi invadida; ainda se encontravam em seu interior dois membros do comitê central: Ângelo Arroyo e Pedro Pomar. Os dois foram mortos a tiros. O corpo de Pomar foi encontrado com cerca de cinquenta perfurações. A imprensa da época divulgou a versão do 2º Batalhão do Exército, segundo a qual havia acontecido uma grande troca de tiros.

Um dos presos no dia anterior à invasão da casa, João Batista Drummond, foi torturado e morto. A versão oficial divulgada pelos militares foi que ele teria sido atropelado nas redondezas da casa, ao tentar fugir do local.

Jover Telles cometeu apenas um erro. Por falta de informação, contou aos militares que a reunião seria presidida por João Amazonas, principal líder do partido e alvo preferido dos militares na ação. Mas Amazonas estava na China naquele dia – tinha viajado de última hora no lugar de Pedro Pomar, cuja esposa adoeceu.

Do livro *Chacina da Lapa, 30 anos*, do Instituto Maurício Grabois, destacamos o seguinte sobre os três mortos no episódio:

PEDRO POMAR

Na época com 63 anos – é da geração de João Amazonas, que reorganizou o Partido em 1943 e 1962 – o paraense Pedro Pomar desenvolvia atividade intelectual. Por ser um comunista de grande experiência, deu grande contribuição à orientação do Partido. Ele dominava várias línguas, traduziu o livro *Ascensão e queda do III Reich*, em três volumes, e contribuía com várias traduções de livros importantes. Era um homem de longa e destacada militância, dedicada inteiramente ao partido por aproximadamente quarenta anos.

ÂNGELO ARROYO

Era de origem operária, de família espanhola que teve papel importante nas lutas políticas de São Paulo no início do século passado. Um operário que se ilustrou no partido, é de uma geração posterior à de Amazonas e de Pomar: tinha 48 anos. Arroyo foi formado pelo partido e passou a escrever com muito talento.

JOÃO BAPTISTA DRUMMOND

Pertence também a uma outra geração. Era mais jovem; na época da chacina tinha 34 anos. Ele veio da Ação Popular e integrou o partido com a junção da AP. Isso ocorreu exatamente no início da guerrilha do Araguaia, por volta de 1972.

A COMUNIDADE DE INFORMAÇÕES

NOTA 56

Até a Constituição de 1988, a representação judicial da União estava a cargo do Ministério Público, através do cargo de procurador da República. No Espírito Santo, o procurador Geraldo Abreu era um discretíssimo advogado, um homem que não tinha nome badalado na imprensa, conhecido pela rotina comum de ir da procuradoria para casa.

Esta é mais uma importante e surpreendente revelação de Cláudio Guerra: a de incluir nos serviços prestados à repressão da ditadura militar o procurador da República de alguns estados, na sua função institucional antes da Constituição de 1988. Geraldo Abreu está aposentado e mora em Vitória até hoje.

No Espírito Santo, onde a história de Cláudio Guerra como matador do regime militar começou, a Procuradoria da República funcionava no início da avenida Jerônimo Monteiro, a principal de Vitória, num escritório grande no qual trabalhavam três procuradores, inclusive Geraldo Abreu. Outro era Élio Maldonado, que, segundo Guerra, não participava das atividades ligadas ao SNI.

A MORTE DE FLEURY

NOTA 58

Não foi possível obter mais dados oficiais sobre a morte de Fleury. Para isso seria preciso desarquivar o inquérito na Polícia Civil de Ilhabela. É necessário fazer o pedido de desarquivamento pessoalmente, no fórum local. A pesquisa para localizar o processo demora cerca de três meses, de acordo com um funcionário.

Depois de identificado o número do processo, o pedido é enviado a uma empresa terceirizada, que localiza o inquérito e o envia ao fórum de Ilhabela, ficando então disponível para consulta. Não há previsão do tempo que a empresa demora para localizar o documento, mas o funcionário informou que "deve levar meses, às vezes anos", em virtude da sua antiguidade.

Segue abaixo a narração dos últimos momentos do delegado Fleury, segundo a revista *Veja*, nº 577, de 9 de maio de 1979:

Nos primeiros minutos da terça-feira, 1º de maio, feriado, ao passar do barco Cabo de São Tomé para a lancha Patras, ancorados no píer do Iate Clube de Ilhabela, Fleury caiu no mar. Antes disso, ajudara sua mulher Isabel a fazer a mesma travessia.

"Ele já estava com os dois pés no Patras quando escorregou e afundou na água, de pé", conta o marinheiro pernambucano Gilberto José da Rocha, que cuidava do Adriana I, barco do próprio Fleury, comprado por ele na semana anterior ao incidente. Nesse instante, sem que o pequeno grupo de amigos que lhe fazia companhia no passeio se desse conta, Fleury começava a morrer.

"Quando ele subiu, veio emborcado", recorda Judimar Piccoli, dono do Patras e testemunha dos últimos momentos de Fleury. "Sua cabeça foi para baixo da minha lancha, dava a impressão de que ele ia nadar por baixo dela." A princípio, ninguém percebeu exatamente o que ocorria. "Um amigo ainda brincou, dizendo: Fleury, deixa o bonezinho", conta Piccoli.

Ao cair nas águas geladas do píer, ele trajava calça Adidas cor vinho, camiseta branca com o emblema do Iate Clube, tênis branco e boné de mescla azul. "Quando vi a cabeça dele por baixo do Patras, mergulhei, puxei o corpo pelo tornozelo e agarrei seu peito", depõe o marinheiro Gilberto. Ali, a água tem pelo menos 3 metros de profundidade.

Içado pelos amigos, Fleury ainda conseguiu apoiar a mão na borda da lancha. Sentado no desnível do piso, o delegado recostou a cabeça nos braços de Piccoli. "Ele estava de olhos fechados e vomitou todo o jantar", lembra o amigo. "Depois abriu os olhos, ofegante. Quando passou a crise de vômitos, nós o deitamos no convés, de barriga para baixo, e o deixamos só de cuecas.

Então, Piccoli e Luciano Schwartz, dono de outro barco ancorado no píer, massagearam as costas de Fleury, que de novo vomitou. "Mas, àquela altura, parecia tranquilo", ressalva Piccoli, "e seu pulso estava batendo." Shwartz e Piccoli aqueceram Fleury com um cobertor e o deixaram repousando.

Quando o médico chegou, chamado por outros integrantes do grupo, haviam-se passado quinze minutos desde a queda na água. "O médico pulou na lancha, pegou o pulso e disse que ele já estava morto", concluiu Piccoli.

"Ainda passei uns dez minutos fazendo massagem cardíaca", explica o clínico geral Mathuzalém Vilela, mineiro de Itajubá e único médico da Santa Casa de Ilhabela na época.

Segundo Vilela, durante a massagem saíam bastante espuma e golfadas de água pela boca e pelo nariz de Fleury. "O quadro é de afogamento", arrisca o médico, "mas o que determina realmente a causa mortis é a autópsia. Como não temos legista na Santa Casa, não podemos saber com precisão o que provocou a morte."

Do píer, o médico rumou para o rústico hospital da ilha, com paredes pintadas em fosco verde-claro e iluminado por lâmpadas que pendem do teto presas apenas aos fios de eletricidade e aos bocais. Minutos depois, em uma

Kombi, chegava o corpo de Fleury, logo alojado por Vilela numa maca de latão, pintada de branco, numa pequena sala do pronto-socorro.

No píer, perplexos, os amigos do delegado reuniam coragem para dar a notícia a sua mulher, Isabel, e seu filho, Nicolau, de 21 anos, mantidos à distância enquanto o delegado agonizava. Acompanhada de um casal de amigos, a família Fleury decidira aproveitar o fim de semana ampliado pelo feriado do Dia do Trabalho para estrear o Adriana I, uma imponente lancha com 50 pés de comprimento, adquirida por 1,2 milhão de cruzeiros. (...) No começo da noite de segunda-feira, com Fleury no comando, o Adriana I atracou no Iate Clube de Ilhabela. Antes de jantar no restaurante Totinho, o delegado bebeu duas doses de Ballantines 12. (...) O grupo de comensais consumiu quatro peixes à brasileira, um prato de lulas à provençal, um filé com fritas, um vinho branco nacional e três garrafas de água mineral.

"Ele foi quem mais comeu", afirma Judimar Piccoli, que também partilhou o jantar, que custou 1.800 cruzeiros. De volta ao píer, Fleury dirigiu-se ao Cabo de São Tomé com dona Isabel e outros amigos. Ali bebeu mais três doses de uísque. Perto da meia-noite, enfim, resolveu recolher-se. Pouco tempo depois, estava morto (...)

O caixão com o corpo de Fleury chegou ao DEIC pouco antes das 12 horas. O comando da polícia havia decidido dispensar a autópsia, e coube ao legista Harry Shibata assinar o atestado de óbito.

Angu do Gomes – o restaurante da conspiração

Nota 87

Trecho de matéria de *O Globo* em 27/8/2010:
Quando o regime definhava, o grupo, acuado, optou por migrar para a Irmandade Santa Cruz dos Militares, entidade católica de quase 400 anos. O coronel Ary de Aguiar Freire, então chefe de Operações da Agência Rio, assumiu o controle da irmandade e levou para lá parte do grupo, entre eles Freddie Perdigão Pereira, um dos mais notórios agentes da repressão. Também faziam parte do grupo os oficiais Gilberto Cavalcanti Araújo (chefe de Comunicações do SNI), Carlos Alberto Barcellos (que pertenceu aos quadros do DOI) e Firmino Rodrigues Rosa.

A irmandade católica, rica pela grande quantidade de imóveis no Centro, garantiria o fluxo financeiro para o projeto de poder do grupo. Porém, ao descobrir a presença desses agentes na entidade, o governo Sarney encontrou o argumento para poder demiti-los do SNI: o Estatuto do Servidor vetava a dupla função.

A scuderie le cocq

Nota 90

Milton Le Cocq era detive da Polícia do Rio de Janeiro e integrava a guarda pessoal do presidente Getulio Vargas. O famoso investigador foi assassinado em serviço por

Manoel Moreira, conhecido como Cara de Cavalo. A morte de Milton deu origem a um dos mais famosos grupos paramilitares que já atuaram no Brasil, a Scuderie Le Cocq, que surgiu em agosto de 1965.

Criada inicialmente para vingar a morte de Le Cocq, a scuderie passou a atuar na repressão ao crime. O grupo era dirigido por Guilherme Godinho Ferreira, o delegado Sivuca, que mais tarde se elegeu deputado estadual.

A Le Cocq chegou a ter três mil associados. Nas décadas de 1970 e 1980, a escuderia ganhou fama de esquadrão da morte. Os seus membros atuavam paralelamente à polícia, prendiam e também matavam. Contavam com a tolerância do Estado, que não punia os desvios e abusos praticados.

A scuderie se organizou no Rio de Janeiro e logo passou a atuar também em outros estados, como Minas Gerais e São Paulo.

A Le Cocq teve origem própria, mas acabou incentivada pelo governo militar, com a associação de pessoas que agiriam no interesse do Estado. Havia uma simpatia na época pelo lema "Bandido bom é bandido morto".

Os empresários simpatizavam com a ideia, a organização era um bom meio de garantir segurança aos seus negócios.

A BOMBA NO RIOCENTRO

NOTA 143

Segundo a *Veja* do dia 6 de maio de 1981, o capitão Wilson saiu do carro andando, segurando o abdômen aberto. No corredor que dá acesso ao pavilhão do Riocentro encontrou bombeiros e pediu socorro. Eles chamaram o médico Flávio Lacerda, que o encaminhou ao Hospital Lourenço Jorge, e a seguir ao Hospital Miguel Couto.

De acordo com a *Veja* do dia 13 de maio 1981, a neta do senador Tancredo Neves, Andréa Cunha, irmã do senador Aécio Neves, junto com seu namorado, Sérgio Vallandro do Valle, foi quem levou o capitão Wilson ao Hospital Lourenço Jorge.

Segundo a imprensa, o capitão teria pedido para o casal que o socorreu que ligasse para o telefone 208-7742 e avisasse Aloísio Reis sobre o "acidente". O telefone era do DOI, e Aloísio Reis seria um dos codinomes do coronel Freddie Perdigão, do SNI. Cláudio Guerra não tem conhecimento desse codinome; de acordo com ele, o coronel usava as alcunhas de doutor Flávio e doutor Nagib. Na época era comum, tanto na esquerda quanto na direita, usar vários codinomes. Por isso, é possível que Aloísio Reis tenha sido também codinome de Perdigão e Guerra não tenha tomado conhecimento dele.

Só depois que o capitão já estava sendo atendido no Hospital Lourenço Jorge é que os oficiais do Exército começaram a chegar. Imediatamente proibiram o acesso da imprensa ao local mas, antes disso, um médico residente tirou a foto que circulou no jornal *O Globo*. O capitão foi transferido para o Hospital Miguel Couto.

Nota 145

Correspondência oficial do chefe do Estado-Maior do 1º Exército, assinada pelo general Armando Patrício e dirigida ao coronel Luiz Antônio do Prado Ribeiro, informa que o capitão Wilson Luís Chaves Machado e o segundo-sargento Guilherme Pereira do Rosário estavam em missão oficial no dia 30 de abril de 1981, no Riocentro, com a finalidade de "supervisionar as atividades dos elementos componentes da equipe do DOI encarregada de cobrir o evento previsto naquela oportunidade".

O Inquérito Policial Militar para investigar o atentado foi aberto em 1º de maio de 1981, sob a responsabilidade do coronel Luiz Antônio do Prado Ribeiro. Mas, em 15 de maio do mesmo ano, o comandante do 1º Exército, general Gentil Marcondes Filho, retirou a responsabilidade pelo inquérito do coronel Luiz Antônio, alegando motivo de saúde, e a delegou ao coronel Job Lorena de Sant'Anna, de sua confiança.

Em 30 de junho de 1981, o coronel Job Lorena apresentou o resultado do IPM e a tese de que era impossível apontar os responsáveis pelo atentado. Segundo o IPM, a bomba foi colocada dentro do Puma do capitão Wilson, entre a porta esquerda e o banco do passageiro, por um grupo de esquerda, provavelmente a VPR, no momento em que os tripulantes do veículo haviam saído para urinar.

Homologado pelo general Marcondes, o IPM foi remetido à 3ª Auditoria do Exército. Em 5 de julho de 1981, o juiz Edmundo Franca o arquivou. O corregedor da Justiça Militar, Dr. Célio Lobão, interpôs representação ao STM em 24 de agosto de 1981, mas o IPM foi arquivado em 2 de setembro de 1981 pelo juiz Milton Menezes da Costa, e só poderia ser reaberto caso surgisse algum fato novo que desse indícios da autoria do crime.

Insatisfeito com os rumos dessa investigação, em agosto de 1981 o general Golbery do Couto e Silva pediu demissão e se retirou da vida pública.

Em 1996, a Comissão de Direitos Humanos da Câmara dos Deputados solicitou a reabertura do caso. A CDH contava com a declaração do coronel Ille Lobo de que, se a investigação sobre o atentado fosse reaberta, ele identificaria alguns oficiais do Exército que estavam no local.

Em 1999, a procuradora da República Gilda Berger aceitou o pedido e o caso foi reaberto. Após três meses de investigações, o novo responsável pelo IPM, general Ernesto Conforto, apresentou as suas conclusões, responsabilizando quatro militares: o coronel Freddie Perdigão e o sargento Guilherme Pereira do Rosário, ambos mortos, o capitão Wilson Machado e o general Newton Cruz, que soubera da elaboração do atentado um mês antes da explosão e nada fez para impedi-la.

Em maio de 2000, o Dr. Carlos Soares, ministro-relator do STM, declarou extintas quaisquer punibilidades relacionadas ao caso Riocentro, enquadrando-o na Lei da Anistia.

O presidente da CDH, deputado Marcos Rolim, entrou com o pedido de reapreciação da decisão junto ao STM. Dias depois, o Supremo confirmou a decisão de arquivar o inquérito.

NOTA 146

Cláudio Barrouin Mello era delegado da Polícia Federal, no Rio de Janeiro, na época. Cláudio Guerra diz que sua especialidade era dificultar investigações. Visto como um delegado eficiente por seus colegas, nada fazia sem orientação superior. Morreu em 14 de janeiro de 1998.

Ronald James Watters foi considerado suspeito do atentado à OAB. A Polícia Federal encontrou em seu apartamento anotações feitas com a mesma máquina usada para subscrever o envelope da carta-bomba.

Pesquisas mostram o nome de Watters ligado a uma investigação antiga, num inquérito instaurado pelo governador Carlos Lacerda. Houve uma tentativa de atentado numa exposição sobre a União Soviética. Alguns nomes foram relacionados e o de Watters estava entre eles.

Foi considerado, então, um "laranja" ideal para o atentado à sede da OAB. Preso, só foi libertado oito meses depois. Em 1983 foi absolvido, por unanimidade, pela Segunda Auditoria de Justiça Militar. Era funcionário do Ministério da Agricultura.

O delegado Barrouin participou também da famosa Operação Mosaico, no dia 10 de fevereiro de 1988, na qual enfrentou o Comando Vermelho, prendeu vários traficantes e matou Toninho Turco, na época conhecido como "Rei do Pó", com quatro tiros de metralhadora.

O sargento Rosário era o agente Wagner do DOI-Codi do Rio de Janeiro. Foi acusado, junto com o agente Guarani e o doutor Diogo, do mesmo DOI-Codi, de integrar o braço operacional de um grupo extremista que desencadeou uma série de ações explosivas, entre os anos 1970-80, todos com o objetivo de tumultuar o processo de abertura política.

O atentado contra a Ordem dos Advogados do Brasil aconteceu em 27 de agosto de 1980. Lyda Monteiro da

Silva, de 59 anos, secretária da Ordem, abriu uma correspondência endereçada ao presidente da OAB, Eduardo Seabra Fagundes. A carta explodiu e ela morreu.

Nota 154

Tarlis Batista era um repórter muito ativo nessa época. Negro, foi vivamente cumprimentado e abraçado pelo secretário de Estado norte-americano, Henry Kissinger, na tribuna de honra do Maracanã, provocando espanto da comitiva e também dos outros jornalistas presentes na cobertura da vitória do Flamengo, em 15 de novembro de 1981. Mais tarde a comitiva de Kissinger perguntou-lhe quem era aquela celebridade e ele respondeu: Mr. Pelé.

Outra história envolvendo a vida profissional de Tarlis é famosa entre os profissionais de imprensa. Um acidente de carro, que até hoje gera teorias conspiratórias, matou, em 22 de agosto de 1976, o ex-presidente Juscelino Kubitschek e seu motorista, Geraldo Ribeiro, comovendo o Brasil e gerando manifestações populares, apesar do regime militar.

Os corpos ficaram destruídos com a violência do choque. Após as providências de praxe no Instituto Médico-Legal, os dois saíram em esquifes absolutamente iguais para o velório na sede da *Manchete*, no bairro do Flamengo. No momento da colocação da bandeira do Brasil sobre o caixão do ex-presidente surgiu a dúvida: em qual esquife estaria o corpo de JK? Alguns segundos de constrangimento, já que ninguém ali cogitava reabrir os caixões, foram quebrados pela voz firme de Tarlis: "O corpo do presidente Juscelino está naquele caixão", apontou o jornalista, decretando para sempre qual era o corpo do presidente. A bandeira foi colocada.

Até hoje, vez por outra, reaparecem especulações sobre a possibilidade de o motorista Geraldo Ribeiro ter sido enterrado como JK, e vice-versa. Na exumação do corpo do ex-presidente não foi feito exame de DNA. A certeza da afirmação de Tarlis se deveu ao fato de ter sido o único jornalista a cobrir toda essa fase da tragédia, mas ele não gostava de falar no assunto.

Tarlis Batista morreu aos 62 anos, em maio de 2002, vítima de problemas cardíacos.

A TENTATIVA DE ASSASSINATO DE LEONEL BRIZOLA

NOTA 163

A guerrilha do Caparaó foi o primeiro movimento de luta armada contra a ditadura militar. Uns poucos militantes do Movimento Nacionalista Revolucionário subiram a Serra do Caparaó, na divisa de Minas Gerais com o Espírito Santo, em novembro de 1966. A população local denunciou e eles foram presos pela Polícia Militar de Minas Gerais.

O dinheiro para apoiar essa tentativa de guerrilha, que nem chegou a começar, é assunto controverso e até hoje mal explicado. Leonel Brizola sempre se recusou a falar sobre esse dinheiro. O certo é que Cuba apoiou o movimento tanto financeiramente como ministrando treinamento.

Brizola admitira ter recebido dinheiro como empréstimo pessoal, mas os guerrilheiros do Caparaó nunca receberam ajuda, nem seus familiares. Enfim, esse é um assunto que provavelmente jamais será esclarecido, o que ajudou os militares linha-dura a tentar desmoralizar o ex-governador gaúcho Leonel Brizola.

A TENTATIVA DE ASSASSINATO DE FERNANDO GABEIRA

NOTA 169

Fernando Gabeira, 71 anos, foi membro do Partido dos Trabalhadores e atualmente milita no Partido Verde. Mora no Rio de Janeiro, diz que não pretende mais se candidatar e está trabalhando como jornalista. Foi um dos mais brilhantes parlamentares brasileiros.

Sempre defendeu posições polêmicas, corajosas, em assuntos considerados tabus na política e na cultura brasileira, como a descriminalização da maconha e a profissionalização da prostituição.

Trabalhava no *Jornal do Brasil* quando participou da luta armada contra o regime militar – era do MR-8 – Movimento Revolucionário Oito de Outubro.

Participou do sequestro do embaixador norte-americano Charles Elbrick às vésperas do dia 7 de setembro de 1969. Ele narra o episódio no livro *O que é isso, companheiro?*, de 1979, lançado quando do seu retorno ao Brasil. Logo virou uma celebridade por suas posições corajosas e polêmicas, catalisadas pelo livro.

Gabeira foi preso em 1970 após receber um tiro que atingiu suas costas, perfurando rim, estômago e fígado, ao tentar fugir por um matagal. Meses depois foi trocado com outros 39 presos pelo embaixador alemão Ehrenfried von Holleben, que também havia sido sequestrado. O grupo foi banido do país rumo à Argélia.

Fernando Gabeira esteve exilado entre 1970 e 1979. Voltou ao Brasil com a Lei da Anistia e passou a lutar pelo fim do governo militar. Depois de 1985, apoiou a causa dos direitos das minorias e do meio ambiente.

Durante o exílio, casou-se com uma companheira de militância política, Vera Sílvia Magalhães. Já de volta ao Brasil, casou-se com a estilista Yamê Reis, com quem teve duas filhas: a psicóloga Tami e a surfista Maya Gabeira. O casal se divorciou em 1999. Atualmente, é casado com a atriz e empresária Neila Tavares.

Nota 171

Existem outras versões e suposições sobre esse tiro que talvez possam explicar o ódio de Perdigão por Gabeira.

1 – "De fato, tais presos foram libertos e banidos do país, mas os envolvidos no sequestro foram presos algum tempo depois. O próprio Gabeira foi preso em 1970 na cidade de São Paulo. Resistiu à prisão e tentou fugir em direção a um matagal que existia por perto. Vários tiros foram disparados e um deles atingiu suas costas, perfurando rim, estômago e fígado."

Acima, um dos relatos da prisão de Gabeira, coerente com a descrição do livro *O que é isso, companheiro*, no qual ele conta sobre sua prisão, precedida de uma tentativa de fuga num matagal. No seu livro, Gabeira não fala de disparos que tenha feito.

2 – Abaixo, trecho do livro *Cobras criadas: David Nasser e o Cruzeiro*, de Luiz Maklouf Carvalho, página 513, Editora Senac, São Paulo:

"Em 9 de março de 1970, Paulo César e Regina integraram o comando que foi fazer uma 'panfletagem armada' no morro do Jacarezinho. Ele dirigia um dos carros, levando Carlos Zílio, Pedro Alves e Vera Sílvia. No outro, seguiam Daniel Aarão Reis, Regina e Jorge Venâncio. A polícia chegou atirando. Na tentativa de fuga, Vera Sílvia acertou um policial e levou um tiro de raspão na cabeça. Foi presa com Carlos Zílio, também ferido, Daniel Aarão Reis e Regina. Paulo César ficou no carro e conseguiu sair, escapando do cerco. Sabia que os companheiros seriam torturados – como foram –, mas mesmo assim voltou para o quarto alugado onde morava, em Botafogo."

3 – Vera Sílvia foi a única mulher a participar do sequestro do embaixador americano Charles Elbrick, em 1969, pelo MR-8 (Movimento Revolucionário 8 de Outubro) e pela ALN (Ação Libertadora Nacional). Bisneta do líder republicano Augusto Pestana, radicado no Rio Grande do Sul, é economista e socióloga.

Bonita, inteligente e nascida numa família carioca de classe média alta, Vera Sílvia desde muito jovem passou a militar no movimento estudantil. Com o regime militar, resolveu ir para a luta armada.

Vera treinava tiro, roubava carros e assaltava supermercados e bancos. Se vivesse essas ações num período sem censura à imprensa, teria virado uma celebridade. Nessas ações usava sempre uma peruca loura, o que lhe valeu o apelido de 'Loura 90' (porque nos assaltos a banco estava sempre armada com duas pistolas calibre .45). Ela era tratada assim na imprensa e entre os agentes da repressão.

Após o sequestro do embaixador americano, Vera desapareceu na clandestinidade, caçada, como os outros sequestradores, pela polícia e pelos agentes dos serviços de inteligência das três Forças Armadas.

Escondida na Penha com o então companheiro José Roberto Spigner, também guerrilheiro, continuou esporadicamente a participar de ações armadas e da distribuição de propaganda política até o começo do ano seguinte, quando escapou, atirando, de um cerco à casa onde se escondia com companheiros, entre eles Spigner, morto no tiroteio.

Mesmo ferida, a militante foi barbaramente torturada no DOI-Codi. Assim como Gabeira, em junho de 1970 Vera Sílvia foi trocada pelo embaixador alemão Ehrenfried von Holleben e também deportada para a Argélia, onde se casou com Gabeira. Juntos, moraram no Chile, na França, Alemanha e Suécia.

Vera só retornou ao Brasil em 1979, após a aprovação da Lei da Anistia. Trabalhou no governo do Rio de Janeiro como planejadora urbana até se aposentar por invalidez. Ela morreu no dia 4 de dezembro de 2007, vítima de um infarto. Teve apenas um filho, Felipe Magalhães de Albuquerque.

Nota 173

Conseguimos comprovar que houve registro, no período, de ocorrências parecidas com o relatado por Cláudio Guerra. O Arquivo Público do Estado, para onde foram todos os registros policiais da época, está em reforma e só vai permitir o acesso presencial em março. São fichas do arquivo do DOPS/DEOPS, algumas com especificações já digitalizadas.

A MORTE DE ALEXANDRE VON BAUMGARTEN

NOTA 174

No dia 25 de outubro de 1982, o inspetor do posto do Salvamar no Recreio dos Bandeirantes recolheu, na Praia da Macumba, um cadáver desfigurado pela água. A identificação do corpo foi imediata: no bolso traseiro da bermuda estavam os documentos de Alexandre von Baumgarten, entre eles uma carteira do Departamento Geral de Investigações Especiais (DGIE) do Rio de Janeiro com a inscrição "Serviço Reservado".

O jornalista foi visto pela última vez na quarta-feira, 13 de outubro de 1982. Na manhã desse dia, segundo relato da imprensa da época, deixou o seu apartamento em Ipanema e, junto com a mulher Jeanette, partiu para uma pescaria na traineira Mirimi. O destino: as Ilhas Cagarras, três quilômetros ao largo de Ipanema. Na companhia do casal, apenas o barqueiro Manoel Augusto Valente Pires, dono da embarcação, que deveria ter saído da Praça 15, no Centro do Rio de Janeiro. O porteiro do prédio teria sido o último a ver todos com vida.

Baumgarten ocupou vários cargos em empresas importantes, foi assessor da presidência da Vasp e da Federação do Comércio de São Paulo. Em 1979, ele relançou a influente revista ilustrada *O Cruzeiro*, que havia adquirido dois anos antes. Fundada por Carlos Malheiro Dias, a revista começou a ser publicada em novembro de 1928 pelos Diários Associados de Assis Chateaubriand.

Apesar da fama da publicações, Baumgarten não obteve sucesso, a circulação ficou abaixo do esperado. Com o fracasso editorial e a gestão desastrosa da empresa, as dívidas se acumularam; Baumgarten chegou a dever mais de 100 milhões de cruzeiros.

Endividado, o jornalista, conhecido por suas ligações com a comunidade de informações, passou a trilhar um caminho perigoso: resolveu aproximar *O Cruzeiro* dos militares. O objetivo era usar as páginas da revista para tentar amenizar a imagem do governo militar.

No final de 1980, Baumgarten fechou um contrato de publicidade com a Capemi no valor de Cr$ 12 milhões. Artigos lançados na revista chegaram a ser republicados pelo Ciex, o Centro de Informações do Exército, na época da sucessão do general Ernesto Geisel. Apoiado por setores radicais da comunidade de informações, o jornalista tinha acesso a notícias privilegiadas e cobrava para publicá-las.

Foi aos poucos se tornando um arquivo vivo, sabia demais. Consciente do poder de destruição que tinha nas mãos, Baumgarten emitia sinais de descontentamento. Sua atitude passou a incomodar militares diretamente ligados ao Serviço Nacional de Informações – SNI.

Em 1981, com um passivo de dívidas de 112 milhões de cruzeiros, a revista *O Cruzeiro* acabou sendo comprada pelo general Ademar Messias de Aragão, presidente da Capemi (Caixa de Pecúlio dos Militares). Aragão foi sucedido por Antônio Mourão Abissâmara, parente do então chefe da agência central do SNI, general Newton Cruz.

A operação rendeu 2 milhões de cruzeiros a Baumgarten, que não ficou satisfeito. O jornalista teria descoberto um esquema de fraudes no Projeto Tucuruí e exigido mais dinheiro pelo silêncio.

As circunstâncias da operação de venda de *O Cruzeiro* e do que veio a acontecer depois são nebulosas. Em um dossiê, composto dois anos antes de sua misteriosa morte, Baumgarten antecipou: "A minha extinção física já foi decidida pelo Serviço Nacional de Informações. A minha única dúvida é se essa decisão foi tomada em nível do ministro-chefe do SNI, general Octavio de Aguiar Medeiros, ou se ficou a cargo do chefe da agência central do SNI, general Newton de Araújo Oliveira e Cruz."

O dossiê apontava os nomes dos coronéis Ary Pereira de Carvalho e Ary de Aguiar Freire como responsáveis pela sua sentença antecipada de morte. Era com eles que as negociações aconteciam. Logo após a sua morte, o SNI despachou os dois coronéis para servir no exterior. Ary Pereira de Carvalho foi mandado para Buenos Aires e Ary de Aguiar Freire para a OIT, em Genebra.

Em 1986, a convite do então presidente Sarney, o general Ivan de Souza Mendes assumiu o SNI; estranhou o fato de tais coronéis estarem morando no exterior, com regalias não usuais, e mandou trazê-los de volta ao Brasil. Pereira de Carvalho retornou para Belo Horizonte e Aguiar para São Paulo. Os dois coronéis foram intimados a depor na reabertura do caso Baumgarten. Logo depois, ambos pediram demissão do SNI.

NOTA 177

Na ocasião, seus amigos riram e atribuíram a história da injeção à sua mania de perseguição.

Segundo o livro *Dos quartéis à espionagem: caminhos e desvios do poder militar*, de José Argolo e Luiz Alberto Fortunato, pouco antes de ser assassinado, Alexandre von Baumgarten foi atacado quando caminhava na avenida Nossa Senhora de Copacabana. Três homens tentaram lhe aplicar uma injeção de conteúdo desconhecido. Socorrido por um amigo, foi levado ao Hospital da Aeronáutica, na Ilha do Governador.

NOTA 178

No laudo cadavérico há o relato dos legistas sobre 27 testes para detectar a substância que provocou o edema. Todos os resultados deram negativo. Matéria do jornal *O Dia* insinuava que Faffe fazia grampos para o SNI.

No relato do livro *Dos quartéis à espionagem: caminhos e desvios do poder militar*, de José Argolo e Luiz Alberto Fortunato: "Em 3 de setembro de 82, Heráclito de Souza Faffe foi hospitalizado no Rio de Janeiro por conta de uma crise cardiorrespiratória. Ele contou aos médicos que havia sido atacado por três homens nas ruas de Copacabana, Zona Sul. Um deles lhe aplicou uma injeção nas nádegas. Ainda segundo ele, os agressores fugiram numa Belina preta. Faffe morreu horas depois, sem dar mais detalhes sobre o ataque.

Os médicos chegaram a fazer 27 testes para tentar identificar a substância que causou a morte de Faffe, contudo não estabeleceram, com precisão, o tipo de veneno utilizado. Posteriormente, a legista Feiga Sochatneviski constatou que se tratava de uma dose de morfina, arsênico e mercúrio."

ESCOLA DE COMANDO E
ESTADO-MAIOR DO EXÉRCITO

MONOGRAFIA

O Destacamento de Operações de Informações (DOI) no EB – Histórico papel no combate à subversão: situação atual e perspectivas

MAJ. CAV. FREDDIE PERDIGÃO PEREIRA

Cod Assunto A2 78ª-19
Clasf Sgl Sigiloso
1978

CAPÍTULO 1

ANTECEDENTES QUE LEVARAM À INSTITUCIONALIZAÇÃO DOS CODI E DOS DOI

1. Após a Revolução de março de 1964, os comunistas, no país, foram tomados de um profundo marasmo. Ficaram verdadeiramente atônitos, sem entender bem o que havia acontecido.
2. Nos anos de 1967 e 1968 as esquerdas brasileiras foram fortemente motivadas e influenciadas pelas reuniões da Organização Latino-Americana de Solidariedade (OLAS), realizadas em CUBA no 2º semestre de 1967

e que ditaram uma nova estratégia de luta para as esquerdas, nos países não desenvolvidos.

Em consequência, o comunismo brasileiro sofreu uma série de dissidências internas, surgindo, então, várias organizações, tais como: Ação Libertadora Nacional (ALN), Vanguarda Popular Revolucionária (VPR), Comando de Libertação Nacional (COLINA), Movimento Revolucionário Tiradentes (MRT), Resistência Democrática (REDE), Partido Comunista Brasileiro Revolucionário (PCBR), Vanguarda Armada Revolucionária Palmares (VAR PALMARES), Movimento Revolucionário 8 de Outubro (MR 8), Partido Operário Revolucionário Trotskysta (PCRT), Partido Operário Comunista (POC), Partido Revolucionário dos Trabalhadores (PRT), Fração Bolchevique Trotskysta (FBT), Ação Popular Marxista Leninista Do Brasil (APM do B), Movimento de Libertação Nacional (MOLIPO), Ala Vermelha do PC do B e muitas outras, todas optantes pela derrubada do regime e do governo através de um novo processo de luta, a luta armada.

3. Um novo quadro de agitação surgiu em substituição ao anterior. Em lugar das três organizações clandestinas, AP, PCB e PC do B, que atuavam em atividades padronizadas, utilizando as escolas e os sindicatos na subversão da ordem, vimos nascer organizações que passaram a agir em ações de cunho terrorista, em autênticas operações de guerra revolucionária.

As organizações subversivo-terroristas começam a surgir, cada qual com sua liderança, porém todas com o mesmo objetivo final, qual seja, a derrubada do governo e a mudança do regime, através do que se convencionou chamar de luta armada. O aliciamento para a arregimentação de novos adeptos sofre extraordinário incremento. Desfecha-se violenta campanha de catequização (imprensa, rádio, teatro, televisão, panfletos, boletins etc.).

4. O meio universitário é sensibilizado, e o ano de 1968 é marcado pela subversão, praticada principalmente pelos estudantes de nível superior. Nesse ano é ativado o movimento estudantil. Sucedem-se as passeatas, os comícios relâmpagos, a ocupação das faculdades e a transformação do Conjunto Residencial da Universidade de São Paulo (CRUSP) em verdadeira praça de guerra, as greves estudantis e as tomadas das faculdades pelos universitários em todo o Brasil.

5. A falta de repressão a esses atos ilegais encoraja outros setores, habitualmente sensíveis à prática de atos subversivos. Nessa época as organizações terroristas, então em formação, necessitavam de quadros para integrá-las. Durante todas as manifestações hostis ao governo, aqueles mais afoitos e com boa capacidade de liderança eram selecionados para, posteriormente, serem convidados a integrar as organizações subversivo-terroristas.

6. Em 1968 realizou-se na pequena cidade de Ibiúna, no interior de S.Paulo, o 30º Congresso da União Nacional dos Estudantes. Desde 1964, os locais para realização desses Congressos eram sempre muito bem escolhidos. Realizavam-se na mais perfeita clandestinidade, e as normas de segurança, utilizadas pelos participantes, eram levadas a sério. Só os líderes e os elementos eleitos para participar é que compareciam.

Entretanto o 30º Congresso, quanto a esses aspectos, foi inteiramente diferente dos anteriores. Compareceram mais de 700 pessoas. As dificuldades logísticas para atender a tão grande número de participantes numa pequenina cidade logo se fizeram sentir, e a polícia, imediatamente, tomou conhecimento. Todos os que estavam lá foram presos e processados. Muitos elementos, com receio de serem posteriormente condenados, e outros se verem fichados pelos órgãos de segurança, passam à clandestinidade e a integrar os quadros das organizações terroristas.

Era justamente isso o que desejavam os líderes dessas organizações.

Hoje em dia, ao ser analisado o 30º Congresso da UNE, chega-se a quase certeza de que ele foi realizado nessas condições para que inúmeros estudantes, ao se verem surpreendidos, tomassem uma atitude e ingressassem, definitivamente, como membros das organizações terroristas em formação.

7. A subversão intensificou-se, também, no meio operário, resultando na greve ilegal de Osasco/SP, em julho de 1968, na qual tiveram papel preponderante operários e estudantes, numa união incomum na História do Brasil.

Os meios de divulgação, bem como os panfletos e as pichações, lançam ataques grosseiros e injuriosos ao governo e às Forças Armadas, visando a sua desmoralização e sua incompatibilização com a opinião pública. Os teatros pregam ostensiva, acintosa e audaciosamente a subversão, objetivando a destruição das estruturas mais caras e tradicionais do povo brasileiro, através do tratamento desrespeitoso, grosseiro e insidioso dispensado à Família, ao Governo, às Forças Armadas e à Religião.

Membros do Poder Legislativo participam ativa e ostensivamente das atividades subversivas, quer tomando parte em reuniões das forças de desordem, quer como agentes de inoculação de conceitos e ideias prejudiciais à Segurança Nacional. Como se isso não bastasse, os festivais de música popular apresentavam canções eminentemente subversivas.

8. Após o êxito obtido nas passeatas, passaram, os agitadores, para as depredações e os quebra-quebras. Viaturas oficiais eram incendiadas durante as passeatas.

Com a prática dos primeiros atos de vandalismo iniciou-se o emprego da tropa da Polícia Militar, para contê-las.

Reprimidas que foram, posteriormente, as passeatas, as organizações terroristas, agora com suas fileiras já engrossadas por um grande número de estudantes, partiram para atos mais afoitos, de sabotagem. Bombas explodiam em diversos locais, sendo a mais significativa a que destruiu parcialmente o QG do 2º Exército, em São Paulo, em novembro de 1968, matando o jovem soldado Mari Kogel Filho. Até as viaturas do DOPS/DF, estacionadas em frente àquele departamento foram destruídas.

As bombas de fabricação caseira eram transportadas clandestinamente em carros das organizações. Num determinado dia, por falha técnica, uma delas explodiu quando era transportada, matando os dois ocupantes do veículo, os terroristas Ishiro Nagami e Sergio Roberto Correia, em 1969, na rua da Consolação/SP.

Necessitando de dinheiro para sobreviver, pois os seus membros viviam, em grande parte, na clandestinidade, essas organizações passaram a assaltar bancos e carros populares.

Dos atentados passaram para os assassinatos. O primeiro foi o do capitão americano Chandler, que cursava a USP e que foi acusado de ser agente da CIA. Foi metralhado na frente da esposa e de seus filhos, quando saía de casa para passear, em um domingo.

9. A situação, em dezembro de 1968, tornara-se insustentável, com a subversão ganhando terreno, dia a dia.

Com a decretação do AI-5 e de vários decretos-leis, bem como as alterações introduzidas na Lei de Segurança Nacional, surgiram novas perspectivas quanto ao aspecto legal e jurídico para o combate à subversão e ao terrorismo. Mas, mesmo com essas novas leis e com o AI-5, o terrorismo continuava.

A todos esses atos de banditismo as nossas polícias Civil e Militar assistiam sem nada poder fazer. Várias rádio-patrulhas foram incendiadas e os poucos soldados que ousavam enfrentar os terroristas era impiedosamente mortos. Por que isso acontecia? Porque as nossas polícias, acostumadas até então a enfrentar, somente, a subversão praticada pelo PCB, PC do B e pela AP, foram surpreendidas e não estavam preparadas para um novo tipo de luta que surgia, a guerrilha urbana.

Até dentro das próprias Forças Armadas sentiu-se que elas não estavam preparadas para enfrentar, com os meios disponíveis e as técnicas usadas até o momento, a guerrilha urbana.

Convém esclarecer o episódio Lamarca. No dia 23 de janeiro de 1969, através de uma denúncia, soube-se que, nos arredores de São Paulo, elementos desconhecidos estavam pintando um caminhão com as cores do Exército. Todos os que participavam dessa operação foram presos e encaminhados para a Polícia do Exército. Mas a falta de experiência, de informações e de operações de informações, não levou a nenhum resultado prático.

Carlos Lamarca, em combinação com os elementos presos pela PE, tencionava, no dia 25 de janeiro, domingo, roubar o maior número possível de armas e munições do então 4º RI, o regimento onde ele comandava uma Companhia. Para tanto, contaria com o apoio do sargento Darcy Rodrigues, que já pertencia a uma organização terrorista, e que nesse dia se encontrava de capitão da guarda. Para a ação utilizariam o caminhão que estavam pintando. No interior do paiol do 4º RI, o soldado Zanirato e o cabo Mariane, também adeptos de Lamarca, já se encontravam preparando o armamento e a munição que seriam roubados.

Com a prisão dos elementos pela PE, Lamarca antecipou sua ação para o dia 24 de janeiro, sábado, utilizando uma Kombi de sua propriedade e roubando os PAL e a munição existentes na sua Companhia.

Mesmo com a prisão antecipada de vários elementos que participavam da operação, não foram obtidas as informações necessárias para neutralizar esse ato criminoso. Todos foram surpreendidos com o êxito da operação empreendida pelo então capitão Lamarca.

CAPÍTULO 2

DIRETRIZ PARA A POLÍTICA DE SEGURANÇA INTERNA

1. Em julho de 1969, a Presidência da República expediu um documento que analisava em profundidade os problemas que poderiam advir dessa situação e definia o que deveria ser feito para impedir, neutralizar e mesmo eliminar os movimentos subversivos.

   Esse documento, que recebeu o nome de Diretriz para a Política de Segurança Interna, estabeleceu, de forma bem clara, que caberia aos comandantes Militares da Área do Exército (Comandantes de Exército, CMF, CMA) a responsabilidade pelo planejamento e execução das medidas para conter a subversão e o terrorismo, em suas respectivas áreas de responsabilidade.

   No ano seguinte, sentiu o governo brasileiro a necessidade de rever a Diretriz de 1969, o que foi feito. Em decorrência foi editada a Diretriz Presidencial de Segurança Interna, de março de 1970, e, através dela, aprovado o documento que se chamou de Planejamento de Segurança Interna, de outubro de 1970, atualmente em vigor, e que introduzia pequenas alterações nos documentos anteriormente expedidos, sem modificá-los em sua essência.

2. ESTRATÉGIA
   Estabeleceu, assim, o governo brasileiro uma estratégia específica, em âmbito nacional, que assegurasse a consecução de determinados objetivos fundamentais para a

sobrevivência do país dentro dos postulados democráticos. Como não poderia deixar de acontecer, essa estratégia elegeu como um dos objetivos fundamentais para a segurança do país o aperfeiçoamento do dispositivo responsável pela garantia dessa segurança. Para isso foi constituído um Sistema de Segurança Interna, abrangendo todos os meios disponíveis, destinado e capacitado à coordenação geral das ações e a exercer a centralização dessas ações quando isso se fizesse necessário.

Esse sistema foi incumbido de assegurar o maior grau de garantia da Segurança Interna, pela aplicação do Poder Nacional, sob todas as formas e expressões, de maneira sintomática, permanente e gradual, abrangendo desde as ações preventivas, que deveriam ser desenvolvidas em caráter permanente e com o máximo de intensidade, até o emprego preponderante da expressão militar, eminentemente episódico, porém visando sempre assegurar efeitos decisivos.

Estabelece a Estratégia de Segurança Interna adotada pelo governo brasileiro, entre outras, as seguintes prescrições, que também são fundamentais para o aperfeiçoamento do dispositivo de garantia da Segurança Interna:

a. que o presidente da República, para a formulação e execução das ações de Segurança Interna, contasse com a assessoria direta de uma comissão de alto nível;
b. que o planejamento de Segurança Interna fosse feito, basicamente, nos escalões do Exército, CMP, CMA, Distrito Naval e Comando Aéreo Regional;
c. que a coordenação geral dos planejamentos e da execução das ações de segurança interna fosse responsabilidade dos comandos de Exército, CMP e CMA;

d. que os comandantes de Exército, CMP e CMA, para a coordenação do planejamento e da execução integrada, usassem de todos os meios disponíveis para a garantia da segurança pública e das demais organizações policiais, civis e militares, federais e estaduais;
e. que os Estados, Territórios e o Distrito Federal fizessem seus planejamentos regionais em íntima ligação com os comandos militares da área e colaborassem no sentido de possibilitar àqueles escalões militares a coordenação do planejamento e da execução das ações de segurança interna em suas respectivas áreas;
f. que o planejamento, em nível e amplitude nacional, fosse também coordenado e as ações de segurança interna pudessem ser acompanhadas, assegurando com isso não só a conjugação de esforços como a participação ampla e irrestrita de todos os órgãos do governo.

3. ESTRUTURA
Com base na Estratégia de Segurança Interna do governo brasileiro e das diretrizes emanadas, configurou-se uma estrutura de Segurança Interna que vem sendo constituída dos seguintes órgãos:

a. COMISSÃO DE ALTO NÍVEL DE SEGURANÇA INTERNA (CANSI)
(1) Criada por ato presidencial;
(2) tem como uma de suas atribuições assessorar diretamente o presidente da República na elaboração das ações de Segurança Interna;
(3) Integram essa Comissão:
– ministro da justiça;

- ministros militares;
- chefe do EMFA;
- chefe do ZDI;
- secretário-geral do Conselho de Segurança Nacional;
- demais ministros de Estado, quando convocados.

b. CONSELHO DE DEFESA INTERNA (CONDI)
(1) Esses órgãos, embora ainda não institucionalizados, já estão funcionando em algumas regiões do país. Vêm sendo criados com a finalidade de assessorar os comandantes de Zona de Defesa Interna (ZDI) e facilitar a esses comandantes a coordenação das ações e a obtenção da necessária cooperação por parte das mais altas autoridades civis e militares, com sede nas respectivas áreas de responsabilidade. Convém esclarecer que Zona de Defesa Interna é o nome dado ao espaço terrestre sob a jurisdição de um Exército ou Comando Militar de Área, para efeito de Segurança Interna.

(2) Os Conselhos de Defesa Interna vêm sendo integrados pelos:
- governadores de estado, do Distrito Federal e dos territórios;
- comandantes militares de área (Exército, Marinha e Aeronáutica);
- superintendentes regionais do Departamento de Polícia Federal (no Distrito Federal, o próprio diretor-geral da DFP integra o CONDI do CMP);
- chefes de agências regionais do SNI;
- secretários de Segurança dos Estados, do Distrito Federal e dos Territórios;
- chefes ou diretores de outros órgãos, quando necessário.

c. CENTRO DE OPERAÇÕES DE DEFESA INTERNA (Codi)

(1) Em decorrência da Diretriz para a Política de Segurança Interna/69 e também da Diretriz Particular n° 1 da Política de Segurança Interna, que atribui aos ministros militares a missão de concretizar as ações mediante estudos específicos, o ministro do Exército expediu a Diretriz Ministerial sobre Segurança Interna/69, instruções que traziam ao seu contexto a determinação do estabelecimento dos Centros de Operações de Defesa Interna (Codi), nos vários níveis de comando responsáveis pela defesa interna.

Essa determinação não foi alterada nem pela Diretriz de Defesa Interna, de abril de 1970, do ministro do Exército, nem pela Diretriz de Planejamento do Emprego de Força Terrestre na Segurança Interna, de maio de 1972, do E *(ilegível)*, ambas expedidas visando reformular as instruções vigentes, em decorrência da Diretriz Presidencial de Segurança Interna/70. Em todos os documentos citados é clara e explícita a determinação da criação ou manutenção do Codi.

Assim, de conformidade com os documentos citados, todos os Exércitos (I – II – III – IV) e os comandos militares de área, devem criar os seus Codi.

(2) Institucionalização

Os Codi são órgãos já institucionalizados pelos grandes comandos de Exército. Eles foram criados em decorrência da responsabilidade atribuída aos comandantes militares de área do Exército. Existem, normalmente, nos níveis de Zona de Defesa Interna (ZDI), Área de Defesa Interna (ADI) e Sub-Área de Defesa Interna (SADI).

(3) Finalidade

A grande finalidade do Codi é garantir a necessária coordenação do planejamento e da execução das medidas de defesa interna, nos diversos escalões de Comando. O Codi deve possibilitar a conjunção de esforços do Exército, da Marinha, da Aeronáutica, do SNI, do BPF e das Secretarias de Segurança Pública (Polícia Civil e Polícia Militar), e outros órgãos credenciados, quando for o caso.

(4) Atribuições

Ao Codi, de acordo com o nível em que for estabelecido, de modo geral, compete:

(a) A realização do planejamento coordenado e integrado das medidas de defesa interna, inclusive psicológicas;

(b) O controle e a condução das medidas de defesa interna;

(c) a coordenação e a integração das informações de interesse da defesa interna;

(d) a ligação com os escalões de defesa interna, superiores e subordinados, e com todos os elementos, órgãos, entidades e repartições de interesse para a defesa interna;

(e) A coordenação do emprego dos meios postos à disposição e/ou em apoio.

(5) Organização

O Codi é um Estado-Maior conjunto, organizado com base no Estado-Maior do escalão terrestre considerado (ZDI, ADI, SADI), e chefiado pelo chefe do Estado-Maior respectivo. As seções do Codi são chefiadas pelos titulares das seções do EM de Força Terrestre.

Nas organizações dos Codi são enfatizadas as Seções de Informações, de Operações e de Assuntos Civis.

A constituição do Codi é eminentemente flexível, sendo, normalmente, integrado por:
(a) Oficiais do EM do escalão terrestre considerado;
(b) oficiais do EM dos comandos da Marinha e da Força Aérea, sediados na área;
(c) representantes
– do SNI;
– do DPF;
– dos governos dos Estados, Distrito Federal, Territórios e Municípios, quando for o caso;
– dos órgãos de Segurança Pública e das polícias militares estaduais e do Distrito Federal;
– de outros órgãos federais, estaduais e municipais, quando necessário;
– outras autoridades ou pessoas credenciadas, quando for o caso;
– comandante do DOI, quando o Codi for dotado desse destacamento.
(6) A título de exemplo, é mostrado o Organograma do Codi/II Ex.

(a) Central de Informações
– E2/II Ex – Chefe;
– N2/6º DN;
– A2/4º CONAR;
– cmt/DOI/Codi/II Ex;
– E2/ 2ª RE;
– E2/2ª DE;
– representante da Agência SNI/SP;
– representante DPF;
– representante do DOPS/SP;
– chefe da 2ª seção PMESP;

– elementos credenciados de outros órgãos, que serão convocados quando necessário.

(b) Central de Operações
– E3/II Ex – Chefe;
– N3/6º DN;
– A3/4º CONAR;
– E3/ 2ª RE;
– E3/2ª DE;
– chefe da 3ª seção PMESP;
– representante credenciado da Polícia Civil;
– Elementos credenciados de outros órgãos, que serão convocados quando necessário.

(c) Central de Assuntos Civis
– E5/II Ex – Chefe;
– N5/6º DN;
– A5/4º CONAR;
– chefe da 5ª seção PMESP;
– representante credenciado da Polícia Civil.
– Elementos credenciados de outros órgãos que serão convocados, quando necessário.

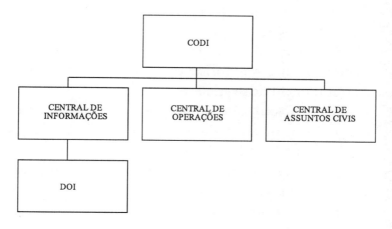

(7) Relacionamento do Codi com os demais órgãos de Segurança, na sua área de jurisdição.
(a) O combate ao terrorismo e à subversão só teve êxito, a partir do momento em que, cumprindo a DIRETRIZ PARA A POLÍTICA DE SEGURANÇA INTERNA, os comandantes militares de cada área baixaram normas centralizando as informações de caráter subversivo e determinando que todas as operações de informações fossem realizadas através de um único órgão e sob um comando único, que é o comandante do DOI;
(b) anteriormente, cada órgão de informações realizava suas operações independentemente de qualquer coordenação ou planejamento global.

Em consequência, normalmente um órgão de informações prejudicava as operações do outro. Enquanto um, por exemplo, estava realizando uma cerrada vigilância sobre determinados elementos, o outro, sem saber da ação do primeiro, prendia dois ou três elementos que estavam sob vigilância. Os demais membros da organização, ao saberem da prisão de seus companheiros, desocupavam a área, indo para outros estados.

Não foram poucas as ocasiões em que um órgão de segurança, ao neutralizar um "aparelho", encontrava no seu interior não o terrorista procurado, mas elementos de outro órgão de segurança.

A documentação apreendida por um órgão de segurança ficava em seu poder e não era encaminhada aos escalões superiores para ser utilizada.

Enquanto isso ocorria, as organizações se multiplicavam, os assaltos aumentavam, os sequestros existiam, a sabotagem era constante e os assassinatos prosseguiam.

Só a centralização das informações e das operações poderia conduzir a resultados positivos.

O Codi passou, então, a coordenar as Ações de Informações e, através do DOI, a executar as ações de Operações de Informações;
(c) O DOI normalmente tem liberdade de ação para atuar na cidade onde está situado. Exemplificando, o DOI tem liberdade para atuar nessas condições na Grande São Paulo.

Quando o Codi necessita empregar o DOI em outra área, vamos supor na cidade de Santos, o S2 do II EX, que é o chefe da Central de Informações, entra em contato com a mais alta autoridade militar da área, e participa a hora e o dia em que uma missão será executada naquela cidade. Caso necessite do apoio dos elementos daquela localidade, solicita o apoio desejado. Por medida de segurança das informações, não se participa o local e a natureza da Operação.

Quando a cidade onde o Codi deseja empregar o DOI não possui nenhum Comando Militar, o comandante da Área de Defesa Interna (ADI), ou da Sub-área de Defesa Interna (SADI), é alertado. Nessas ocasiões, o elemento do DOI que chefia a operação procura na cidade a principal autoridade policial e participa que realizará uma operação;

Esse procedimento tem a finalidade de esclarecer àquelas autoridades e evitar que as mesmas, por desinformação, interfiram na operação.

(d) é comum ocorrer o caso em que os comandantes de uma ADI, ou mesmo de uma SADI, recorram ao Codi para uma determinada operação. Neste caso o chefe do

Codi envia àqueles comandantes, elementos do DOI, especializados, para o tipo de operação que vai se desenrolar.

(8) Relacionamento do Codi com os demais órgãos de Segurança fora da sua área de jurisdição:

As organizações subversivas ou terroristas são estruturadas de modo a agir, ao mesmo tempo, em várias partes do território nacional. É muito comum, portanto, que um DOI em operação, obtenha informações que exijam o prosseguimento desta fora de sua área de jurisdição, no caso fora da ZDI, considerando que só o Comando do Exército, CMP e CMA possuem DOI.

Podem ocorrer três situações:

(a) As operações prosseguirão numa área onde exista um DOI. Nesse caso as informações são enviadas ao E2 do outro Exército, que as encaminha ao DOI que lhe é subordinado, para execução.

Essas informações são enviadas pelo meio de comunicação mais rápido. Normalmente, usa-se a rede rádio ou o telex, sigilosamente.

Quando o assunto é urgentíssimo, normalmente, a ligação é feita entre os dois comandantes do DOI, que, na primeira oportunidade, comunicam o fato aos seus E2. Dependendo do caso, o DOI que obteve a informação envia um ou mais elementos seus para auxiliarem o DOI que prosseguirá nas operações. Isso é muito usado quando se trata de seguir subversivos que cobrem pontos em várias partes do país;

(b) as operações prosseguirão numa área fora da ZDI, onde não existe DOI.

As informações, também pelo meio mais rápido possível, são enviadas ao Centro de Informações do Exército (CIE), que se encarregará de, com seus próprios meios, dar prosseguimento às operações;
(c) situação idêntica à anterior. O CIE, entretanto, autoriza o DOI que obteve as informações a dar prosseguimento nas operações, mesmo fora da ZDI. Nesse caso o CIE faz os contatos com o comandante militar da área onde as operações terão continuidade.

O elemento do DOI que comandar estas operações deverá apresentar-se a esse comandante e solicitar, se for o caso, apoio para a sua missão;
(d) é normal a reunião periódica dos elementos que integram as seções de um Codi.

Na ocasião são tratados todos os assuntos relativos à segurança interna. Os problemas existentes são abordados e cada membro, de acordo com a situação, recebe a missão de resolvê-los. É feita uma coordenação geral, evitando-se, assim interferências no trabalho de cada um;
(e) como exemplo, transcreve-se a seguir as Normas de Funcionamento do Codi/II Ex. Através delas pode-se verificar as medidas tomadas pelo chefe do Codi/II Ex, no sentido de obter a centralização das informações e das operações de informações.

NORMAS PARA O FUNCIONAMENTO DO CENTRO DE OPERAÇÕES DE DEFESA INTERNA DO II EXÉRCITO (Codi/II EX)

1. FINALIDADE
Determinar as normas para o funcionamento e ligações dos órgãos integrantes do Codi/II Exército, particularmente no que se refere aos trabalhos da Central de Informações (CI) e do Destacamento de Operações de Informações (DOI).

2. REFERÊNCIA
Planejamento de Segurança Interna (Instrução Bandeirante – Medidas Preventivas) do cmt. do II Ex.

3. CONSTITUIÇÃO
a. O Codi/II Ex é chefiado pelo chefe do Estado-Maior do II Exército e constituído por uma Central de Informações (2ª Seção/EM/II Ex), uma Central de Operações (3ª Seção/EM/II Ex) e uma Central de Assuntos Civis (5ª Seção/EM/II Ex).
b. O Destacamento de Operações de Informações (DOI) é o órgão operacional responsável pelo combate às organizações subversivo-terroristas que atuam na ZDI/E (Zona de Defesa Interna do II Exército), atuando sob o controle operacional do E/2 do EM/II Ex e do chefe da Central de Informações do Codi/II Ex.

4. NORMAS DE FUNCIONAMENTO E OPERAÇÕES
As operações normais e contínuas de combate direto às organizações subversivo-terroristas são realizadas

pelo DOI, com a cooperação dos demais órgãos representados no Codi/II Ex. Devido às características peculiares que envolvem o combate à subversão e ao terrorismo, particularmente o urbano, a Central de Informações é constantemente acionada. Em decorrência, torna-se necessário determinar as seguintes normas, para o perfeito funcionamento e as ligações dos seus integrantes.

a. Todas as operações de busca de informes, inclusive combate contra subversivos e terroristas, realizadas por órgãos do Codi, serão coordenadas pelo mesmo, através do chefe da Central de Informações (E/2 do EM/II Ex).
b. As operações de informações realizadas por organizações estranhas ao Codi/II Ex deverão ser, previamente, autorizadas pelo cmt. do II Exército, responsável pela Segurança Interna da Área, salvo as realizadas nas áreas de jurisdição das outras Forças Armadas – Marinha e Aeronáutica.
c. Todos os informes e informações relativas às atividades subversivas serão difundias diretamente, no mais curto prazo possível, para a Central de Informações (2ª Seção do II Ex).
d. Todas as pessoas da área de jurisdição do II Exército, envolvidas em subversão e terrorismo, ao serem presas serão encaminhadas diretamente ao DOI.
e. Idêntico procedimento será tomado em relação às pessoas suspeitas de implicação na subversão e no terrorismo.
f. O DOI tem prioridade para a execução de qualquer operação de busca de informação referentes à subversão

e terrorismo na área do II Exército, com a restrição da letra "b", devendo manter o chefe de Informações permanentemente informado sobre as operações em curso.

g. As ocorrências atendidas pelos órgãos da Secretaria de Segurança Pública (Polícia Civil e Polícia Militar) deverão ser participadas diretamente ao chefe da Central de Informações do Codi/II Ex, desde que sejam constatadas quaisquer ligações, ou suspeitas de ligações, com subversão ou terrorismo. As pessoas presas, vítimas e testemunhas, implicadas no caso deverão ser encaminhadas ao DOI, no mais curto prazo.

Quando houver dificuldade ou impossibilidade de ligação à Central de Informações, ou quando a urgência assim a *(ilegível)*, poderá ser feita ligação diretamente com o DOI, ficando este com a responsabilidade de informar a Central de Informações.

h. Os órgãos integrantes do Codi/II Ex deverão determinar ordens aos elementos subordinados, de modo a serem fielmente cumpridas as presentes normas.

i. O quadro anexo demonstra as ligações existentes entre os diversos órgãos e a Central de Informação.

5. COMUNICAÇÕES
Serão utilizados os seguintes meios:
Rádio
– Rede *(ilegível)* – 2ª Seção/II Ex – 2º BPM e 2º BG
– DOI/DOPS (Departamento de Ordem Política e Social)
– DOI/COPOM (Centro de Operações da PMESP)
– DOI/CEPOL (Central de Polícia Civil)
– DOI/Pedágios

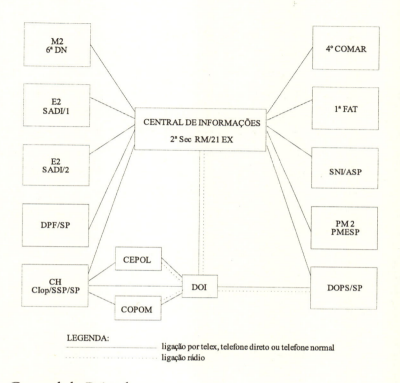

General de Brigada ....
Chefe do Codi/II Exército
Anexo (Gráfico feito à mão aqui reproduzido)

DESTACAMENTO DE OPERAÇÕES DE INFORMAÇÕES (DOI)

(1) O DOI é um órgão operacional do Codi, destinado ao combate direto às organizações subversivo-terroristas. Tem por missão desmontar toda a estrutura de pessoal e de material dessas organizações, bem como impedir a sua reorganização.

(2) Razões de sua criação:

(a) Sendo o Codi um órgão de planejamento e de coordenação, sentiu-se logo a necessidade de dotá-lo de um órgão operacional, pois, caso contrário, pouco ou nada se conseguiria no combate à subversão e ao terrorismo;
(b) Necessidade de coordenação das ações de defesa interna, visando economizar meios e evitar superposições de esforços pelos diferentes órgãos de Segurança e de Informações que operavam em todas as áreas, cada qual com seus métodos e objetivos específicos;
(c) Necessidade e rapidez no acionamento dos meios para o combate aos grupos subversivos, aconselhando a reunião e a centralização do comando;
(d) Necessidade de treinamento e seleção de pessoal qualificado, reunidos em equipes especializadas, para enfrentar, em condições favoráveis, a clandestinidade e a eficiência dos grupos subversivos.

(3) Em julho de 1972 o DOI-Codi/II Ex apreendeu um documento no aparelho do terrorista Yuri Xavier Pereira, em São Paulo. A parte desse documento transcrita a seguir bem demonstra o acerto das medidas tomadas pelo governo no combate ao terrorismo e à subversão: "Do lado inimigo, em linhas gerais, o que sucedia? Encurralado pelas crises políticas de 1966, desorientado pelas ações revolucionárias armadas que iam em ritmo crescente, decretam o AI-5, tornando mais feroz a repressão. A luta de pequenos grupos de homens armados, em 1969, assume, indiscutivelmente, a vanguarda na resistência à ditadura. O volume de ações aumentava e mantínhamos a iniciativa.

Dois motivos principais concorriam para tal situação, apesar de nossas deficiências ditas acima. O primeiro, que esta forma de luta encontrava receptividade e absorvia a insatisfação popular na área urbana. O segundo, o quase total despreparo da ditadura para enfrentar-nos. Suas falhas políticas (não possuíam, por exemplo, instrumento político de consideração) e técnicas (insuficiência de armas, equipamentos, treinamentos), seus órgãos de segurança atuando em separado, levava-os ao desespero e à estupefação.

Acostumado a uma repressão dirigida aos movimentos de massas pacíficos, ou às organizações de esquerda tradicionais de pouca periculosidade, ao ver-se enfrentando formas de atuação novas no cenário revolucionário brasileiro mostraram-se de uma primorosa ineficiência. Esses métodos vinham a romper as regras de um jogo que gostariam de manter de forma indefinida.

Sua carência de informações era praticamente total.

Mas o inimigo não permaneceu inativo. Buscou adotar as medidas que lhe permitissem recuperar a iniciativa. Para uma situação crítica foram tomadas as necessárias medidas drásticas. Fecharam o Congresso e cassaram mandatos, intensificaram a censura, aumentaram as prisões, redobraram a repressão e a tortura.

Não descuidaram da parte técnica, incrementando o treinamento policial e aperfeiçoando seus métodos de investigação.

Adotaram uma medida fundamental, que é a centralização do controle da informação e da repressão, criando a Operação Bandeirante em São Paulo e o Codi na Guanabara. Aumentaram sua potência de fogo e melhoraram seu equipamento.

Consequentemente, o seu volume de informações e capacidade de reação e resposta foram aumentado gradativamente".

(3) Constituição dos DOI-Codi

Dadas as características do combate ao terrorismo, o DOI deve atualizar, constantemente, a sua estrutura, em princípio utilizando o mesmo efetivo; modificações sempre forem observadas quanto ao modo de agir das mais variadas organizações subversivo-terroristas.

O efetivo na constituição do DOI não deve ser fixo nem rígido, para não prejudicar a dinâmica do combate ao terrorismo.

Em alguns estados o DOI conta com o apoio da Polícia Militar e da Polícia Civil, o que permite economizar os meios do Exército. Os elementos daquelas duas polícias estaduais que integram o DOI, após rigorosa seleção, passam à disposição do comando do Exército na área, que os encaminha ao DOI.

Esses destacamentos receberam, também, o apoio em pessoal da Marinha, da Força Aérea e do Departamento de Polícia Federal.

Convém, ainda, salientar que cada estado tem suas próprias peculiaridades, e as organizações terroristas, também, agem de modo diferente em cada cidade, não sendo, portanto, lógico dar a mesma constituição a todos os DOI existentes no Brasil.

Essa composição mista tem apresentado muitas vantagens, pois reuniu-se a disciplina, o método, o planejamento e a mentalidade existentes nas Forças Armada à experiência da Polícia Militar no combate ao marginal comum e à técnica da Polícia Civil e da Polícia Federal na investigação e no interrogatório.

(5) Organização dos DOI

Como informação, estudaremos a organização do DOI-Codi/II Ex, que, no momento, é a mais indicada para o combate à subversão e ao terrorismo na ZDI/B (São Paulo e Mato Grosso). Convém esclarecer que o trabalho de um DOI deve ser contínuo, durante as 24 horas do dia.

Para se conseguir esse objetivo o DOI-Codi/II Ex estabeleceu dois regimes de trabalho: um diário (expediente normal, das 08:00 às 18:00 horas) e outro alternado (24 horas de trabalho por 48 de horas de folga).

(a) Organograma Geral

(a.1) Comandante

Oficial Superior do *(ilegível)*, adjunto da 2ª Sec/EMG/II Ex, indicado pelo cmt do II Ex.

Para o preenchimento dessa função, normalmente é designado o adjunto da 2ª Seção, responsável pelo campo psicossocial.

(a.2) Setor de Operações de Informações
– Chefia privativa de oficial do Exército;
– Assessora o cmt. do DOI na parte operacional;
– É o subcomandante do DOI.

(b) Seção de Investigação

(b.1) Cabe a essa seção, fundamentalmente, a realização de investigações com a finalidade de identificar e localizar elementos subversivos. Seus integrantes, normalmente, não devem ser identificados pelos elementos a serem presos, cabendo a prisão dos mesmos à seção de Busca e Apreensão. Entretanto, podem existir ocasiões em que os integrantes da seção de Investigação sejam obrigados a efetuar prisões, neutralizar "aparelhos" e apreender material subversivo, agindo nos mesmos moldes da seção de Busca e Apreensão.

(b.2) Chefia e subchefias da seção
Privativas de oficial do Exército, de preferência com o curso b1 de Es NI

(b.3) Turma complementar
– Composta de oficiais e praças da Polícia Feminina da PMESP e de investigadores da Secretaria de Segurança Pública.
– Complementam as turmas de investigação quando o serviço exige a presença de um elemento feminino.

(b.4) Turmas de investigação
– Constituem as Unidades Operacionais da seção.
– Cada turma é composta de duas pessoas: um agente e um auxiliar, podendo ser reforçada por elementos da turma complementar.
– Cada turma tem o seu próprio carro, normalmente um VW, todos equipados com rádio.

(c) Seção de Informações e de Análise

(c.1) Deve estar em condições de fornecer ao comandante do DOI e às demais seções do destacamento: informes, informações, estudos e conclusões sobre as organizações subversivo-terroristas que atuam na área do II Exército.

(c.2) Chefia
Cargo privativo de oficial do Exército, de preferência com o curso B2 da Es NI.

(c.3) Subseção de análise
São suas atribuições:

- analisar os informes internos e externos recebidos;
- analisar os depoimentos prestados no DOI ou recebidos de outros órgãos;
- analisar o material apreendido em "aparelhos" e em poder dos presos;
- pesquisar dados para complementar ou elucidar fatos constantes dos depoimentos de presos e demais documentos recebidos;
- fornecer subsídios ao setor de operações e à subseção do interrogatório;
- manter para cada organização subversivo-terrorista uma pasta com o "Histórico da Organização", relação de nomes e codinomes, relação de "ações" e um álbum com as fichas de qualificação, fotografia, atuação e situação de cada elemento;
- elaborar as informações encaminhadas ao II Exército;
- fichar os elementos presos ou encaminhados ao DOI, bem como todos os demais que foram envolvidos e enquadrados na DSN pelos demais órgãos de segurança do país;
- organizar, atualizar e manter o Arquivo Geral, contendo o fichário e o dossiê de cada elemento fichado;
- confeccionar, atualizar e manter os álbuns fotográficos dos elementos presos e dos procurados;
- realizar a identificação datiloscópica e fotográfica dos presos;
- organizar e manter o arquivo fotográfico;
- organizar e manter o arquivo datiloscópico;
- confeccionar e controlar os documentos de identidade do pessoal do destacamento.

(c.4) Subseção de interrogatório
- Responsável pelo interrogatório dos presos.
- Chefia: oficial do Exército, nível capitão, de preferência com o curso B1 da Es NI.
- Essa Subseção possui três turmas de interrogatório preliminar, cada uma chefiada por um oficial do exército, nível capitão, de preferência com o curso B1 da Ex NI. Essas turmas são compostas de seis elementos cada. Subordinada ao chefe de cada turma de interrogatório preliminar existe uma turma auxiliar, encarregada do Centro de Comunicações, da carceragem e de datilografar os documentos.

(d) Seção de Busca e Apreensão
Cabe a essa seção efetuar as prisões, cobertura de pontos, neutralização de "aparelhos", apreensão de material subversivo, coleta de dados que possibilitem o levantamento de elementos subversivos, condução de presos para o DOPS, auditorias, hospitais etc.

(d.1) Chefia – privativa de oficial do Exército, de preferência com o curso C1 da Es NI.

(d.2) É dividida em três grupamentos: A, B e C, cada um composto de quatros turmas de busca e apreensão. Cada turma compõe-se de três a cinco elementos, possuindo cada uma, para o seu transporte, uma C-14, ou um Opala, ou ainda uma Kombi, todos equipados com rádio.

(d.3) Compõe também a seção de busca e apreensão a turma de coleta de dados, cada uma constituída de dois elementos: um oficial da PMESP ou um delegado de polícia e um motorista. Utilizam para seu transporte carros VW, equipados com rádio.

A turma de coleta de dados tem por missão coletar dados nos órgãos oficiais, universidades, colégios, etc.
(e) Seção administrativa
Assegura o apoio logístico ao destacamento.
(f) Assessoria jurídica e policial
Chefiada por um delegado de polícia. Sua missão é assessorar o comandante do DOI em assuntos de polícia judiciária, elaborar a documentação formal e legal referente ao material apreendido e controlar a *(ilegível)* dos presos que tenham sido liberados.
(g) Segurança do pessoal do DOI
Várias organizações terroristas relacionaram os componentes dos DOI como elementos prioritários para serem atingidos pelo terrorismo seletivo.

Esse fato já foi comprovado através de "levantamentos" de elementos dos DOI, apreendidos após a neutralização de "aparelhos".

Como os nomes de segurança, é obrigatório para o trabalho diário o uso do traje civil (esporte ou social) de acordo com a missão a desempenhar.

Mesmo oficiais e comandantes de seção devem, de preferência, usar traje esporte para se confundirem com a maioria dos integrantes do DOI.

O uso do codinome é obrigatório.

O cabelo deve ter o tamanho normalmente usado pela maioria da população, sendo proibido usar o cabelo com o corte "tipo militar".

Essas medidas de segurança às vezes não são bem compreendidas por elementos que, não possuindo uma mentalidade de informações, veem no uso da barba e do cabelo grande um ato de indisciplina. Já aconteceu o fato de um oficial ou sargento de um DOI necessitar comparecer a uma unidade a fim de tratar de qualquer problema pessoal, ou mesmo de um assunto de serviço. Esses elementos eram barrados à entrada de seus quartéis e recebiam a ordem de seus comandantes para regressarem, cortarem o cabelo e a barba e se apresentarem fardados, em que pese possuírem um documento de identidade assinado pelo comandante do Exército autorizando o uso de traje civil e o porte de arma.

Esse procedimento por parte de algumas autoridades militares dá a entender que os elementos do Serviço de Informações são indisciplinados, desenquadrados e sem espírito militar.

Entretanto, é necessário frisar que a realidade não é esta. Citaremos o exemplo do II Exército, onde em três anos noventa componentes do DOI-Codi/II Ex foram condecorados com a Medalha do Pacificador, todos por terem entrado em combate várias vezes, tendo sempre demonstrado disciplina, acatamento às ordens dos superiores e praticado atos de bravura.

Convém salientar que o DOI-Codi/II Ex já teve um de seus integrantes, o delegado de polícia Octavio Gonçalves Moreira Júnior, assassinado, covarde e friamente, pelas costas, num ato de terrorismo seletivo, quando se encontrava no Rio de Janeiro em visita a familiares.

Além do Dr. Octavio, o DOI-Codi/II Ex perdeu em combate o 3º sargento PM Silas Bispo Feche, metralhado ao abordar um carro ocupado por terroristas: um 3º Sgt PM com ferimentos graves que o levaram à reforma, ferimentos graves em 1 oficial e leves em 3 outros, 8 sargentos e 11 cabos e soldados da PEESP.

Anexo, o levantamento dos resultados obtidos pelo DOI-Codi/II Ex desde a sua fundação até 18 de maio de 1977.

RESULTADO ALCANÇADO PELO DOI-CODI/II EX DISCRIMINAÇÃO	TOTAL DATA BASE 19 MAIO 1977
Presos pelo DOI	2.541
Encaminhados ao Dops para processo	1.001
Encaminhados a outros órgãos	201
Liberados	1.289
Mortos	51
Presos recebidos de outros órgãos	914
Encaminhados ao Dops para processo	347
Encaminhados a outros órgãos	341
Liberados	221
Mortos	3
Aparelhos estourados	274
Elementos que prestaram *(ilegível)* e foram liberados	3.442
Armamento (armas diversas)	750
Munição (cartuchos diversos)	37.830
Bombas	845
Automóveis	376
Oficina mecânica	7
Gráfica mecânica	6
– VALORES APREENDIDOS: – Cr$ ....915.325,60 – US$ 78.585,00	

"Sempre imaginando como atendê-lo melhor"
Avenida Santa Cruz, 636 * Realengo * RJ
Tels.: (21) 3335-5167 / 3335-6725
e-mail: graficaimaginacao@ig.com.br
graficaimaginacao@uol.com.br